全新校訂版

大英帝國衰亡史

中西輝政
王敬翔 譯

導讀

大英帝國——看似矛盾，卻更為獨特的帝國

陳禹仲，中央研究院人文社會科學研究中心副研究員

嚴格說來，大英帝國正式成為一個帝國，是一八七七年才發生的事。維多利亞女王自一八七七年年一月一日開始，正式取得印度女皇（Empress of India）的頭銜。依循的，是保守黨首相班傑明・迪斯雷利（Benjamin Disraeli）於一八七六年於國會提出的《王室名銜法令》，法令的全名直白地表現了它的目的：《一項使最為敬重的女王，得以在其皇家頭銜，添上聯合王國及其附屬地之皇帝頭銜之法案》（*An Act to enable Her most Gracious majesty to make an addition to the Royal Style and Titles appertaining to the Imperial Crown of the United Kingdom and its Dependencies*）。

反對黨的理由

法案最早被呈送至國會時，受到反對黨（如自由黨）的強烈抵抗。原因在於，反對黨擔心帝國與皇帝的稱號，將會象徵著大不列顛淪為與十六世紀的西班牙、十七世紀路易十四治下的法國，乃至鄂圖曼土耳其帝國、蒙兀兒帝國等帝國一樣，成為皇帝獨裁專制的國度。儘管迪斯雷利與他的保守黨議員們再三強調，大英帝國早已實質存在，法案所做的，只是讓女王名實相符。法案通過之後，英國也依然會是一個憲政君主制的帝國，不會與過往和同時代的專制帝國同流合汙。

法案最終得到了多數議員的支持，維多利亞女王也難得地親自主持了一八七七年的國會開幕大典，並於典禮中接受了女皇的頭銜。自阿爾伯特親王於一八六一年逝世後，這是女王第一次出席主持大典。顯然女王對法案的通過，頗為重視。另一方面，遠在英屬印度，當地的宮廷社交重鎮德里杜爾巴（Delhi Durbar），甚至在一八七七年一月一日舉辦了盛大的慶祝宴會。

看來，無論是在母國或在殖民地，英國人早已接受也習慣了不列顛早已是大英帝國。反對黨的抗議，似乎只是面對執政黨的政策與法案，硬要找出理由表達反對、略盡反對黨的政治責任而已。

然而，如果我們更仔細地推敲這個現象，我們也許會發現，反對黨的聲音其來有自。只是它所代表的，不僅是擔心「英國淪為專制帝國」的憂慮罷了。

當時反對黨的實質領袖威廉·格拉斯頓（William Gladstone）認為，「女皇」與「帝國」的稱謂，反而損及了維多利亞女王的美德。原因在於「女皇」、「皇帝」與「帝國」這樣的稱謂，向來只有獨裁專制的政體才會採用。不列顛國力之鼎盛與女王威勢之顯赫，並不在於不列顛在名義上究竟是不是一個「帝國」。相反地，正因為不列顛不是一個「帝國」，卻有著遠遠超過歷史上各大帝國的財富與權勢，才顯出不列顛史無前例的獨特之處。競稱帝國，不只消解了不列顛的歷史獨特性，更降低了女王的格調。而我們可以從兩人的衝突中看到什麼呢？

有兩件尤其值得注意的事。第一，儘管他們的立場不同，但迪斯雷利與格拉斯頓皆認為，不列顛就算不具備「帝國」之名，其政治、軍事與經濟權勢，早已比肩甚至超越了歐洲（乃至人類）歷史上的重大帝國。第二，儘管立場不同，迪斯雷利與格拉斯頓也都一致認為，不列顛的「帝國」是史無前例的。

正是這個「史無前例」，讓格拉斯頓對「帝國」之名感到疑慮。卻也是這個「史無前例」，讓迪斯雷利認為，即便冠上「帝國」之名，大英帝國也將會是與過往不同的帝國。所以，是什麼讓不列顛與歷史上的帝國截然不同呢？包含格拉斯頓與迪斯雷利在內，十九世紀絕大多數英國人對於這個問題，會有著類似的答案。

擁戴並保障憲政自由

無論是否冠上「帝國」之名，不列顛都是一個擁戴並保障憲政自由的帝國。這是一個自相矛盾的說法。象徵皇帝威權統治的帝國，要怎麼與限制皇帝權威的憲政自由聯繫在一起？從格拉斯頓的反對意見可以清楚看見，格拉斯頓顯然認為，「帝國」之名將有害於不列顛保障憲政自由之實。但與此同時，格拉斯頓也很清楚意識到，不列顛實質上就是一個帝國，也因為它是一個保障憲政自由的帝國，才使得它與人類歷史上其他帝國相較，顯得與眾不同。

為什麼當時的人會這麼認為呢？或者，換個方式問，什麼樣的帝國會是一個擁戴並保障憲政自由的帝國？要有效地回答這個問題，必然會連帶地牽引我們檢視第一個重點：英格蘭（還不是不列顛）從什麼時候開始，有自己是一個帝國的自覺？

這個問題，同時也是所有大英帝國研究的學者感到頭痛萬分的問題。到底，大英帝國是從什麼時候開始的？在文章的開頭，我們說嚴格定義上，大英帝國是始於一八七七年，因為從那一年開始，不列顛與其王室才開始具備帝國與女皇（或皇帝）的頭銜。但正如迪斯雷利與格拉斯頓的辯論所顯現的，當時的人們認為，不列顛早就已經具備帝國之實。所以，回到剛才的問題，英格蘭從什麼時候開始覺得自己是一個帝國？

事實上，英格蘭的帝國意識來得非常早，甚至遠早於十八世紀與蘇格蘭正式合併。早在十六世紀的亨利八世治下，在一五三三年的《上訴限制條例》裡開宗明義就表明：「這塊英格蘭的疆土，是一個帝國，全然獨立於其他國度之外。」同樣地，隨著我們更進一步分析「英格蘭是一個帝國」，究竟有著什麼樣的意涵，我們將會發現，英格蘭是一個保障憲政自由的帝國這樣的思維，從一開始就伴隨英格蘭的帝國意識同時存在。

從最初一開始，英格蘭就是一個看似自相矛盾的帝國。它是帝國的原因，不是因為幅員遼闊、不是因為經濟昌盛、不是因為軍容壯碩、更不是因為它權勢傾天。它是帝國的原因很單純：它享有著獨立於歐陸其他國家之外的主權與法律體系。

根據英格蘭法最重要的權威之一，威廉．布萊克史東（William Blackstone）的分析，在《上訴限制條例》裡所謂的「帝國」（empire），所採用的是它在法學意義上最原初的含義：主權（imperium）。而主權在當時（時至今日也還適用）的法律論述中，所指的是獨立自主、不受其他國家勢力影響的立法與司法體系，並有著依循這樣的體系運作的行政權力。

從這個意義上來說，英格蘭是一個與其他歐陸帝國迥異的帝國。因為其他歐陸帝國之所以是帝國，往往意味著它們有著軍事武力侵略擴張領土的野心，而這些帝國的法律體系往往源自於歐洲歷史上最受政治人物景仰的帝國：羅馬帝國。多數的歐陸帝國，都深受羅馬法影響。強大的歐陸國家，也往往會競奪繼承羅馬帝國的名聲，或試圖重現羅馬帝國的榮光。

但英格蘭不一樣。英格蘭的立法與司法體系有著與羅馬法截然不同的傳統，即所謂的不成文法或普通法。也正因如此，英格蘭是一個獨立於這些受羅馬法影響的國家之外，有著獨立自主的立法與司法體系與傳統的國度。這也讓它與其他歐陸帝國不同。它沒有任何想要繼承羅馬帝國的意圖、它也不是一個權力上的帝國。它的史無前例之處在於，它是一個法理上的帝國。

但法理上的帝國，在實際政治運作上，也還是有可能與其他帝國一樣，採取了皇帝威權專制的制度，不是嗎？又是什麼原因，使得英格蘭這麼一個法理上的帝國，成為一個保障憲政自由的帝國呢？

容許多元法體系並存

根據布萊克史東的分析，答案就在英格蘭的普通法體系裡。

在日常語言中，我們習慣將英格蘭的普通法理解為不成文法。但這是一個略帶誤會的稱呼。人們之所以稱呼它是不成文法，原因是因為它不像其他法律體系一樣，有著一部核心法典（如羅馬法的民法部分存在著《查士丁尼法典》）。但普通法還是具有成文文件的。普通法的體系，是由兩個面向所構成：第一是國會通過的成文法案，第二則是各地法庭在歷史中積累而成的判例。

換句話說，在英格蘭的法律傳統裡，政治權威的施展、法官司法的判決，往往必須受限於依據類似案件的前人判例所推演出來的法律原則來行動。而這意味著，從英格蘭漫長歷史中發展而來的判例，構成了限制政治權威、並給予人民接受程序審判的法治基礎。在十六到十八世紀的英格蘭（與之後的不列顛），這麼一個由歷史判例限制政治權威的立法與司法體系，被稱之為「古憲法」（ancient constitutionalism）。

英格蘭，因此不僅只是一個法理帝國，它更是一個由古憲法確立司法程序並限制君王權威的法治帝國。正因如此，從帝國意識萌芽之初，英格蘭就一直是一個看似自相矛盾、實則自治的帝國。

這樣的「帝國」含義，隨著英格蘭與蘇格蘭構成名為「大不列顛」的聯合王國，治理著英格蘭、愛爾蘭、蘇格蘭與威爾斯，並開始拓展海外殖民地之後，有著更為複雜、卻也更為讓英格蘭人（不是英國人）自傲的發展。

在十八世紀如布萊克史東在內的法律學者看來，正因為普通法是一個尊重各地判例的體系，使得英格蘭儘管實質上已經發展出以英格蘭為殖民母國，治理其他殖民地的殖民帝國形式，但其法律體系得以讓殖民地自身享有一定程度的立法與司法獨立的權利。因爲普通法判例的特質之一，在於尊重各地法律文化所做出的判決結果。而這表示英格蘭法將只適用於英格蘭（與威爾斯，因為高度同化之故），而不適用於殖民地的法律文化，各殖民地因此得以享有實質的法律獨立性。在這樣的論述中，英格蘭作為母國的殖民帝國，不僅只是一個法理與法治的帝國，更是一個容許多元法體系並存的帝國。

大英帝國的史無前例、大英帝國的獨特之處，都在於此。而這是從一開始就與英格蘭的帝國意識緊密相連的。

走向分崩離析的伏筆？

姑且不論這樣的英格蘭本位論述是否如實，也許在這樣的論述中，也隱隱埋下了從「英格蘭作為法理帝國」擴展成「史無前例的大英帝國」後，走向分崩離析終致「衰亡」的伏筆。畢竟，聲稱在大英帝國中，殖民地享有一定程度的立法與司法獨立，不也可以被解讀成：讓殖民地在法理上，足以構成一個獨立於英格蘭之外的法理上的帝國嗎？

事實上，在北美獨立戰爭爆發之前，身為律師、深諳普通法的約翰・亞當斯（John Adams）就曾經採用這樣的說法，他指出北美十三州殖民地實質上早已具備法理上主權獨立的要件。而最終，北美十三州殖民地也確實獨立了。在大英帝國達到迪斯雷利口中所說的、大英帝國的鼎盛時期之前，早已經歷過一次的分崩離析。也許，在帝國的生命史中，這也是史上罕見（如果不是史無前例）的表現。

本書《大英帝國衰亡史》，從大英帝國如何奠基於英格蘭「權力平衡」的精神傾向出發，講述了作為帝國基調的治理精神，從而追溯了自伊莉莎白一世以下，歷經十九至二十世紀政治與軍事動盪，始終在帝國利益的政治與經濟現實及法理精神的理念間擺盪的帝國敘事。

作者中西輝政是法學訓練出身，是日本戰後世代極為重要的國際政治學者。他所撰寫的帝國衰亡史，可能在細節上會與專業歷史學家的分析方法有所不同（例如他對大英帝國的「精神」有著清楚的價值判斷），但他所呈現的歷史敘事，卻也犀利地表現出大英帝國盛世時期的群眾氛圍：大英帝國是一個以法理為基礎、帶有法治精神、與人類歷史上其他帝國有明顯差異的帝國。

讀者在閱讀本書時，與其將本書視為一部依照編年體例、從興盛到衰亡、爬梳大英帝國一生的歷史，更有收穫的方式或許是，將本書視為藉由敘述大英帝國歷史上重要政治事件，來帶出作者眼中、大英帝國作為法理與法治帝國特質的一部宏觀論述。其中也深刻反映了日本戰後世代學者，對帝國作為人類文明發展的一種重要政治形態的深刻反思。本書的再版，除了對英國史有興趣的讀者實為佳音之外，也是讓我們得以一睹戰後世代的日本學者，對帝國這種政治體所帶有的複雜情懷與反思的絕佳契機。

【導讀者簡介】

陳禹仲，英國牛津大學博士，中央研究院人文社會科學研究中心副研究員，主要研究領域為：憲政理論、政治思想史、思想史學。譯有《我們賴以為生的規則》、《為什麼我們需要政治哲學？》、《政治哲學的12堂Podcast》等書。

目次

前言

一九九七年七月，香港歸還中國。英國米字旗（Union Jack）終究要從中國大陸的土地上消失。那個曾經屬「大英帝國」一員、擁有六百萬人口的最後一個主要殖民地，就此消逝在歷史洪流中。

事實上，一八四二年，正處於「不列顛治世」顛峰期的英國因鴉片戰爭獲勝由中國割讓得來的土地，就是香港。它是這一百五十年間，英國在地球另一端保有的一大殖民地。

雖然「大英帝國」本身早在半世紀前就開始逐漸退場，但香港回歸中國一事，卻像是「被遺忘的歷史」一般，使我們再度憶起「大英帝國」的存在。

本書將關注持續達數百年之久的「大英帝國」現象，概述其興起的歷史，並特別將大英帝國自十九世紀後半到二十世紀中葉戲劇性的衰亡作為核心主題予以探討。

「大英帝國」的稱呼，原係「The British Empire」之翻譯語，但其起源卻可追溯到領有香港之前許久的過去。

從歷史上而言，「帝國」（empire）這個稱呼，是源自羅馬時代之「imperium」的概念，到了近代初期，由邁入興盛期的歐洲列強所繼承，而逐漸開始帶有多面向的意義。

十六世紀前半的英國（英格蘭）國王亨利八世曾大膽宣稱「我英格蘭王國已是個帝國」，這意味著英格蘭在宗教改革中主張獨立，脫離羅馬教皇。

到了亨利八世的女兒伊莉莎白一世的時代，英格蘭的王權首先確立於自十二世紀以來，控制權逐漸擴大的第一個殖民地——愛爾蘭。接著與蘇格蘭統合的過程花了約一世紀之久。藉此發展出有別於「英格蘭」的「不列顛」這個國家觀念。也就是說「大英帝國」（The British Empire）一詞，成為英格蘭、蘇格蘭、威爾斯與愛爾蘭整合的象徵。

相較於對蘇格蘭、威爾斯採取使民族自然混居與政治聯合的統治形式，對愛爾蘭的統治形式就更為「帝國」。這是因為，英格蘭對愛爾蘭的統治，包含了因征服異族而造成的殖民統治，以及政治、經濟、軍事等方面建構起的「統治體系」。

從伊莉莎白一世的時代開始，英國展開了對太平洋、印度洋彼端的「跨海統治」，即開始拓展海外殖民地。在這個潮流下，近代英國與「大英帝國」的名聲重疊在一起，邁向下一個歷史進程。

此後，英國超越了狹隘的殖民地統治範疇，以「大英帝國」的名號宣示成為世界大國，並以此作為國家總體營造目標。本書即採用此一廣義的「大英帝國」名稱。

的確，進入二十世紀後，「帝國」這個名稱逐漸不受歡迎。而衰亡的態勢在一九三〇年代開始趨向明朗。大英帝國將其官方名稱改為「The British Commonwealth Nations」。雖然是個難解的名稱，但其中蘊含「對英國國王的忠誠」這個結合基礎，具有在對外戰爭時共同保衛「王冠危機」的含意，可說仍保有了「帝國」這個核心概念。

但一九四七年獨立的印度，拒絕了對「王冠的忠誠」，「The British Commonwealth Nations」的「British」被刪去，大英帝國自此邁向解體。此後至一九六〇年代為止，幾乎所有亞洲、非洲的各個正式殖民地都不約而同紛紛獨立，脫離「倫敦（英國國會）的統治」。

如此，近代以來長達四百年的大英帝國興衰史，就在一個世代的時間內劃上句點。而不在這個潮流當中、猶如「被歷史遺忘」的香港，到了二十世紀末，終於也切斷了與倫敦的連結。

不過，本書的主題並不在於探討「大英帝國」這個形式的變遷。而是探討它作為世界大國的本質何在，衰亡的原因又為何，是什麼導致了大英帝國消失在歷史洪流中的命運。

古來許多「帝國」興起，然後衰亡。世界史幾乎可說是許多「帝國」的衰亡史。自羅馬帝國以來，這些帝國的「衰亡史」著作已經不計其數。但被稱為「大英帝國」的近代英國作為一個世界大國，為何綜合性的衰亡史著作，至今仍較其他帝國為少？

當然，目前已有非常多著作探討英國產業競爭力衰退原因，以及對外政策的失敗何在，或是從財政、社會制度、政治結構等各個角度探討「英國衰退」的現象。但整合以上種種，以更宏觀的文明史觀點交叉剖析的論述，目前仍屬罕見。

以探討個別因素為主的大英帝國衰退論，似乎在二十世紀末左右就已討論到一個段落。但從帝國實際滅亡後所經過的時間來看，只能說才剛剛做完「死因診斷」罷了。對大英帝國衰退的討論，也才終於可以回歸到其原本的歷史脈絡，如今可謂是一個論述的「折返點」。因此筆者認為今後最重要的，或許是嘗試以更寬廣、更概括的視野來關注「大英帝國衰亡史」。

這樣一種綜合性的概念，促使我們從精神史或文明史的幾個觀點，來重新考察大英帝國衰亡的原因。

第一，將各論點加以細分的二十世紀「社會科學的世紀」已然終結，而更具整合性、文明史透視觀點的時代已經到來。這與二十世紀是個「意識形態的世紀」，以及偏好高度分析的社會科學研究手法有微妙關聯。

第二，大英帝國衰亡後不久，冷戰便隨之終結，也促使大英帝國衰亡史必須以新的角度來書寫，譬如冷戰時期的明爭暗鬥和大英帝國衰亡的原因究竟有何關聯。至少冷戰的終結，為大英帝國衰亡的幾個過程提供了新的視野。

第三，相較於自古以來的帝國衰亡史這個領域，大英帝國，尤其是它的衰退原因，與日本的現況關聯甚深，導致近年來日本人越發關注這個議題。尤其現在的日本所關心的，仍在於社會的精神取向，一個成熟大國的命運將與我們產生何種關聯，已經是國人（日本人）所關切的命題。但以下的敘述充其量只是盡可能提供刺激讀者思考的一個角度，因為筆者認為，這是探討衰亡論的應有作法。

當然，筆者無意在本書中完全解決這麼大的一個命題。如曾任英國首相的迪斯雷利（Benjamin Disraeli）所言：「對自己的作品自吹自擂的作者，比炫耀自己孩子的母親更難看。」因此本書將關注前述的衰退原因論，具體分析帝國衰亡的過程，並把大英帝國衰亡的現象作為主軸，放回其原本的歷史脈絡來敘述。

會這樣做的原因在於，近年來未確實掌握歷史脈絡、僅採用社會科學觀點的速食分析方式，嘗試討論大國衰亡論的論著日漸增加。像大國衰退這樣重要的歷史現象，應該先詳細考察歷史的實際發展動向，再開始進行分析才是。

其次，從長遠的歷史觀點來看，昌盛恍如昨日的大英帝國走向衰微，對今日的日本讀者而言，包括對大英帝國興盛期較了解的戰前日本人在內，有關大英帝國的歷史知識也已大幅「衰退」。有鑑於此，筆者認為必須將大英帝國邁向衰亡的歷史進程放回原來的時間序列中來敘述。

在此再度引用迪斯雷利的一段話：「歷史不值一讀，但傳記除外。因為只有傳記是不含理論的、唯一真正的歷史。」（《孔塔里尼．弗萊明》〔*Contarini Fleming*〕）

當然，本書並不打算採取極端的「傳記史觀」，但本書將儘量從人物的角度切入，來敘述歷史。其中一個原因是讓日本讀者能更具體感受較為遙遠的英國史，儘量讓讀者覺得這是一本「好讀的歷史書」。此外，這是對趨近大英帝國這個研究對象來說更好的方式，也讓本書得以更加關注精神史方面的衰亡論。

奠定英領南非統治基礎的揚．史墨茲（Jan Christiaan Smuts）在一八九九年發表以下談話：

> 大英帝國能夠統治世界各民族、各部落的真正基礎，並不在於軍事之類的力量，而在於其威信與精神力（moral）。[1]

因此在某種意義上，大英帝國可說是一個「威信的體系」。造成此一情勢的原因之一，源自近代歐洲世界與非歐洲世界之間的歷史拉鋸。但更重要的是英國這個國家的處境，它是個小小的島國，卻是個必須在有限資源下統治海外廣大地區與眾多人口的帝國。因此要達到「威信」這個精神要素，高效率統治是不可或缺的。

此外，在近代的英國，國內社會貴族的主導權甚高，因此「威信」的重要性自然倍增，這是反映母國社會特色的帝國本質。

美國國際政治學者羅伯特・基爾賓（Robert Gilpin）提到菁英價值觀和精神結構對近代霸權帝國盛衰的影響。[2] 而談論大英帝國，絕不能忽略「菁英及其精神」這一部分。從此點看來，「人物」的重要性就更須強調了（此點請參照第六章，尤其是許多引用部分）。因此，本書雖會頻繁提及許多貴族人士，但絕非「菁英史觀」，而是對應探討對象的本質而成。

從技術上而言，英國的貴族通常有好幾個名字，除了本名（受洗名＋姓氏）之外，因領地或稱號所得的爵位也常作為他們的敬稱或通稱。同一人物在歷史上因獲得某個爵位而改變稱呼的案例已成通則。

例如：十九世紀末的英國首相索爾茲伯里（Salisbury），本名為羅伯特・塞西爾（Robert Cecil），後來又改稱克蘭伯恩子爵（Viscount Cranborne）、第三代索爾茲伯里侯爵（3rd Marquess of Salisbury）等等。但本書在此種情形下，將統一為最通用的名稱。而「sir」的稱呼，有時用於準男爵，但仍不屬於狹義的「貴族」（peer），而仍屬於平民（commons）。（因此有時已獲得「sir」的稱號，卻仍屬於下議院〔House of Commons〕，在下議院具有席位）。因此，例如日本將「Sir Winston Churchill」翻譯為「チャーチル卿」（邱吉爾卿）其實是一種誤譯。

實際上，在英國而言，「貴族性」是大英帝國的一部分本質。帝國在這樣的環境中興盛起來，加上近代前期歐洲文化的「古典性」，大英帝國的歷史因而培養出一種穩重的氛圍。本書的文體有時看似生硬，有時也唐突地出現戲劇化的橋段，這些歷史文體的個性，或許就來自於這個巴洛克帝國的形象。

本書第一章先概述帝國史的全貌與盛衰的概況，第二章與第三章則從帝國的本質來分析以衰亡為前提的「興盛」。第四章以後進入衰亡史的主軸，例如第五章與第八章主要討論經濟實力，第七章與第九章為對外政策與戰略，每章各探討一個重點。但筆者會盡可能將各章整合起來，成為一部綜合性的帝國衰亡史。

行文至此，也許變得有點像「誇耀自己孩子的母親」了，前言就到此告一段落吧。自此言歸正傳，進入大英帝國的故事。

第一章

「不列顛治世」的智慧

「儘管他們站在能夠統治全歐的立場，但他們在會議上的立場卻漸趨柔弱而模稜兩可。」

——弗里德里希．建茲（Friedrich Gentz），一八一五年，

在維也納會議對英國外交大臣卡司雷（Castlereagh）的評論

人類史上的一項奇蹟

大多數的日本人，都知道英國曾是世界大國。但其具體的歷史形象，卻不如「大英帝國」一詞的明確語感那樣豐富。

另一方面，近年對於冷戰後美國的論爭（有時是「美國的衰退」，有時是「美帝」），無論是哪一點，都讓論者們越發關注作為「帝國」先例的「大英帝國」或「不列顛治世」（Pax Britannica）的實際情況。但這些關注卻容易偏向國民生產毛額（Gross National Product, GNP）或鋼鐵產量等經濟指標，不然就是所謂「霸權安定論」的「社會科學」式論調。因此在今日的我國（日本），有必要基於歷史的實際情況與豐富性來了解大英帝國的形象，抑或逐步還原「不列顛治世」的真實歷史定位。

日本人心中對於「英國作為世界大國」的意義與形象，不同世代間的差異甚大。對筆者這樣生於戰後的日本人而言，「世界大國非美國莫屬」已經是一種常識；當我們懂事時，英國就已是強弩之末的「舊大國」。筆者的父親出生於一九一一年，對他們那個世代而言，英國除了「舊大國」之外，似乎還有其他的意義；美國雖然也是大國，但他們卻覺得應加上「新興」二字。筆者的祖父出生於一八七〇年代，也就是與吉田茂同一世代，對他們而言，「大英帝國」

則是「文明」的同義詞。

若再往上追溯一個世代，例如早在十六歲時就參加薩英戰爭（Anglo-Satsuma War）的東鄉平八郎，從一八七〇年，也就是二十三歲那年起，他在格林威治的英國海軍學校（為了與達特茅斯兵學校做區別，將格林威治這所稱為「船員養成學校」）待了八年之久。隨後在以日英同盟為後盾的日俄戰爭中，他又率領由許多英製軍艦組成的聯合艦隊殲滅了俄國波羅的海艦隊，立下明治國家與帝國海軍的聲威。對他們而言，終其一生，「大英帝國」都帶著神聖的光輝。也許有點膩了，再往上一個世代，高野長英在一八二〇年代到長崎出島「留學」，在德國醫師西博德（Philipp Franz von Siebold）開設的鳴瀧塾聚精會神地聽著講師們講著「打倒英雄拿破崙的小島國，英吉利國」。對當時的日本人而言，英國是一個在充滿「英雄豪傑」的中華帝國常識當中，無法歸類的「不可思議的帝國」。

但是，這種不可思議的感覺究竟怎麼來的？如果要回顧「大國英國」的歷史，又該追溯到何時？另外，英國為何被視為「大國」？又如何盛極而衰？這些都是頗耐人尋味，卻是歷史上難以解答的問題。

實際上在今日，從羅馬帝國到近代西班牙、荷蘭，甚至是現代美國的「衰亡史」都所在多有，卻很少有一本專門針對英國的全面性衰亡史著作。的確，從經濟競爭力，或階級差距等個別項目的「英國衰退解釋」書籍不勝枚舉，但屬於傳統歷史領域內的衰亡史，也就是一本真正的「大英帝國衰亡史」著作，如今尚未出現。

是什麼使「大英帝國論」如此難產？最大原因之一，應該是英國作為大國的「特殊性」。這個特殊性，在於精神性因素較其他各國還多，與所謂「英國精神」所具有的複雜特質不無關係。此外，英國昌盛與衰退的歷史，對於今日我們的影響與教訓，某種意義上來說是非常寫實的，因此要做出「歷史的審判」並不容易。在深層意義上，這一點對日本人而言，或許比美國的將來更為貼近，也更具有一針見血的現代性。

一八七一年，日本明治政府為尋求外交典範而諮詢荷蘭傳教士基德・菲爾貝克（Guido Verbeck），當時菲爾貝克毫不猶豫地回答「英國」。[1] 實際上，大英帝國，也就是「英國作為大國」，長期統治地球上四分之一的陸地面積與世界六分之一的人口這樣遼闊的版圖，以及作為產業革命與金本位制舵手所造就的強大經濟實力，然而這樣的「大」，卻不是這個帝國的本質。這些力量只是其他某些因素所導致的結果。的確，在十九世紀這一世紀的時間內，史無前例的巨大力量集中至單一國家，使英國明顯成為世界秩序的掌控者。但之所以作為大國的本質，應該不是這些。

因英國力量而造就的和平，也就是所謂「不列顛治世」，可說是人類史上的奇蹟之一。原居於歐洲外海小島上極為弱小的混血民族（伊比利、凱爾特、盎格魯－撒克遜、丹麥日耳曼人、諾曼人等等），竟能長期主導地球上的政治及經濟秩序，此一事實本身就是個極具世界史意義的現象。

由此看來，也顯示了「英國作為大國」的本質並不在於物質因素，某種意義上在於精神因素。

兩百年的興盛，兩百年的衰退

「不列顛治世」一詞的來源並不是很古老。與「美利堅治世」（Pax Americana）相同，都是直到那個現象已經持續一段時間，甚至快要走下坡時才產生的用語。

一八九〇年代，當時英國的有力政治家約瑟夫．張伯倫（Joseph Chamberlain）呼籲國家轉型為貿易保護主義與殖民地組織化的必要性。他主張與其戮力達成世界性的英國國際霸權，不如專注於狹義的大英帝國內部，也就是確保「內部和平」。此一路線被冠上「不列顛治世」之稱。

當時的英國，在經濟上被新興的美國和德國迎頭趕上，俄國與法國也紛紛爭奪殖民地，它被迫面對這些挑戰。因此大英帝國對其所屬地區，只好採取「封鎖化」的拖延戰術，並因應此種狀態而產生「不列顛治世」一詞。

歷史用語常常充滿諷刺。今日的「不列顛治世」一詞，是用在英國為維持全世界的安定而發揮其力量的時代，通稱「不列顛治世之時代」。

姑且不論此語的起源，「不列顛治世」最早可追溯至何時？一般而言，大約是始於擊退拿破崙侵略、維持往後一個世紀和平的一八一四至一八一五年的維也納會議。首先我們要設定明確的時期區分。只是，若要討論不列顛治世的核心，也就是「英國作為大國」的本質，就需要再追溯到更久之前。若把視野放寬一些，與「大英帝國」的興盛與衰退有關的歷史重要戰役各有三場。

對「大英帝國」的興起與昌盛有所貢獻的戰爭，都與西班牙（西班牙帝國）有關，也就是：

①十六世紀與「西班牙無敵艦隊」之戰（一五八五—一六〇三年）

②十八世紀「西班牙王位繼承戰爭」（一七〇一—一七一四年）

③在伊比利半島與法國反覆交戰的「拿破崙戰爭」（一七九三—一八一五年）

這幾場戰爭有如「單足跳、跨步跳、跳躍」的「三級跳遠」一般，是大英帝國興盛的重要契機。

而造成衰退的契機也有以下三場戰爭：

①美國獨立戰爭（一七七五—一七八三年）

②波爾戰爭（一八九九—一九〇二年）

③蘇伊士戰爭（一九五六年）

這幾場戰爭都導致國內輿論極度對立，除了波爾戰爭外，都是不光彩的敗戰。而且與其說是軍事力量敗北，不如說是英國難得的「外交失敗」。

如前面所見，或許可以說這是英國作為大國、花了兩百年時間慢慢登上頂峰、又花了近兩百年逐漸衰退的過程。也就是說和先前（甚至包括以後）的大國有所不同，以一個故事而言，其盛衰的過程相當漫長。美國獨立戰爭的敗北帶給英國的打擊甚大，但不久後的拿破崙戰爭又獲勝，重振聲威，這強韌的生命力備受矚目。

但更適當的時期區分，應當為一八一五年拿破崙戰爭終結，到一八九九年波爾戰爭爆發為止，這八十餘年間可說是英國國力的「鼎盛期」。因為英國的力量而維持的和平，即「不列顛治世」，大約是指此一時期。

實際上，波爾戰爭與另外兩場「衰退之戰」相同，是一個使英國國內嚴重分裂，同時也遭到國際社會批判和孤立、飽嚐內憂外患夾攻的事件。美國獨立戰爭中的「主要敵人」其實並不是美國殖民地人民，而是法國、西班牙、荷蘭和俄羅斯等歐洲列強在外交和軍事兩方面的對英圍堵網，以及如柏克（Edmund Burke）、老威廉皮特（William Pitt）等國內親美派的反戰論調。波爾戰爭也讓疲於應付南非殖民地戰爭的英國在外交孤立中更顯衰弱。這是「不列顛治世」「走下坡的開始」，這股情勢在當時是有目共睹的。

到了蘇伊士戰爭，不只是蘇聯，就連身為同盟國的超級大國美國都與英國為敵，堪稱是英國「外交上的大失策」。實際上，出兵蘇伊士一事不只是讓美國不開心，更是代表英國已經無法掌握任何主導權、也就是英國作為大國自此「完全結束」的象徵。

也就是說，「從波爾戰爭到蘇伊士戰爭」約半世紀的時間，是英國踏上明顯而不可逆的衰亡過程的時期。而在這半世紀之中，也爆發了人類史上最大的戰爭，也就是無疑地造成「大英帝國折翼」的第二次世界大戰。

「不列顛戰役」的代價

關於英國衰退的起源，這個問題很難回答。而這正是大英帝國衰亡論的核心。在此我們首先大致分析其概要，首先是二十世紀的兩場世界大戰。從許多方面來看，這兩次大戰才是大英帝國衰亡最明顯且最終極的主因。

實際上，一九一四年至一九四五年，這三十多年間，英國的軍事費用總額高達四百零八億四千五百萬英鎊以上。這段期間英國約百分之二十五的國民所得都用在軍事上（兩次戰爭期間軍事費用的頂點，分別為一九一七年的百分之六十七，以及一九四四年的百分之六十一點二）。而在這兩次大戰中同樣全程參戰的德國，在整個期間的軍事總支出比例，推測大約只有英國的四分之一。這是因為，戰時姑且不論，德國在平時幾乎沒有在外地進行演習的國防支出。[2]

這個可觀的數字，是即使我們做了各種嘗試，尋找英國最終走向衰退的其他主因，也覺得高到極不合理的負擔。如保羅．甘迺迪（Paul Kennedy）在其著作《霸權興衰史》（*The Rise and Fall of the Great Powers*）中的主張，過重的軍事費用負擔是否必然導致衰退，雖說仍有討論空間，但仍不禁使我們發出一個相當單純的疑問：在歷史上，一個已處於成熟期的大國如此長期負擔龐大的軍事費用支出，是否還能繼續保有作為大國的活力？

而如此龐大的花費在戰後獲得了什麼？恐怕除了在第二次世界大戰後在名義上獲得「戰勝國」的頭銜外，幾乎什麼都沒得到。但至今幾乎未見英國一般人或歷史學家提出此一疑問。由大戰引發的冷戰已然終結的今日，英國年輕的歷史學家終於開始提出這個新的問題意識。而此一疑問進一步發展為「邱吉爾損及英國在歷史上的國家利益，應該算是造成英國衰退的元兇之一」等重新評價邱吉爾的論述。[3]

就在邱吉爾慷慨激昂的精神喊話下，奮起的人民投入英國本土保衛戰「不列顛戰役」的一九四〇年夏天，英國財政部與英格蘭銀行在內閣會議上提出報告書，宣告大英帝國破產。第二次世界大戰使得英國從一九一四年以前所保有、一九一八年以後勉力重新累積起來的大半海外資產永久喪失。例如中東石油利權等英國在外資產的最重要部分，都在第二次世界大戰中被美國企業廉價收購，或許這番光景才是從「不列顛戰役」到「諾曼第登陸」期間之中的「真實世界史」。

英國對外債務在一九三九年以前，所持有的現金與外匯存底原可應付裕如。但債務在一九四五年暴增數倍，外匯存底也消耗殆盡。也就是說在五年多的時間內，英國拋售了總值達十一億兩千萬英鎊左右的海外資產，而債務也從四億七千萬英鎊暴漲到三十三億六千萬英鎊。因此，為了維持必要的進口量，戰後英國的出口必須比戰前增加百分之七十五（但近乎不可能），早在戰時便知其困難。

一九四四年六月，因諾曼第登陸成功而欣喜若狂的倫敦街頭一角，一位英國商務局官員做出了一份報告，其中明確指出戰後英國的出口幾乎無法增加，且英國產業競爭力在戰後更為低落的趨勢將無可避免。

如前所述，軍事費用增加並不必然造成衰退。另外，即使與希特勒和解，英國是否就能守住中東石油的利權也令人懷疑。況且，只要維持經濟實力就能避免大國衰退的危險，這種說法也是錯誤的。一個國家能夠發展到一定規模，為求更加穩定成長與發展，這個國家在經濟、政治、軍事與文化各方面，都必須達到均衡的成熟，並致力維持整體的活力。長期維持大國姿態直到二十世紀的英國，其發展的歷史正好印證了這一點。

但同時，這點也是「知易行難」。迫於現實的歷史狀況，國家領導人與國民在面臨痛苦抉擇時，多半都已認知到做出這些不得已決定會導致的「嚴重性」後果。當許多大國江河日下之際，其實通常早已有許多有識之士發出預警，同時也提出讓我們後人也認為可行的解決方案。但現實狀況卻是「明知會衰弱下去，卻束手無策，只能眼睜睜看著國家每下愈況」。這就是歷史上最常見的大國衰退過程。

當我們再次回顧英國衰退的過程時，要歸咎於誰的「責任」或「錯誤」時，往往會發現它與其他任何國家衰退的例子相較，某種意義上是一種「無法逃避」的「殘酷」趨勢。這或許也是至今尚未出現一本真正的「大英帝國衰亡史」的一大原因。

我們考量到這些狀況，同時思考英國的興衰帶給今日我們的意義、懷想那段歷史時，相信對當前在冷戰後的世界面臨重要方向抉擇的日本而言，絕不是一個毫不相干的命題。

「以力量維持的和平」和「以外交維繫的和平」──「不列顛治世」的本質

在歐洲之外地區擴展版圖的「大英帝國」的歷史，分為幾個階段：

①從西班牙無敵艦隊之戰到美國獨立戰爭為止的「第一帝國」時期。

②喪失美國殖民地後經過拿破崙戰爭，到十九世紀後半為止的「第二帝國」時期。

③十九世紀末經過兩次世界大戰，到印度獨立為止的時期，此時期為「第三帝國」，也就是「新帝國主義」（New Imperialism）時期。

如此看來，第一期是為求國家生存與商業、軍事上的動機，以重商主義之姿刻意開疆闢土的時期，第二期是已達安定狀態的英國以本身優勢維持自由貿易與國際秩序現狀，無意識地將「非正式的大英帝國」視為帝國版圖而自然擴張的時期，也就是「不列顛治世的時代」。第三期則為英國的衰退期，為與其他列強競爭或世界戰略需求，導致再次開始「擴張」，甚至「過度擴張」，而開始變質成為所謂「因衰落而膨脹」，導致明顯衰退的時期。因此本書第四章以後，就以此點作為主要論述，討論大英帝國衰亡史。

從汲汲營營併吞許多地方求擴張的「興盛期」，到達成他國望塵莫及的地位、成為開放（liberal）秩序主宰者的「安定期」，再到開始察覺衰退的「緊張」與「焦躁」，另一方面也兼具「成熟」與「老奸巨猾」間的微妙平衡、所謂「看開了」的「衰退期」。大致可以如此區分。且這三階段的分期，並不僅是一個國家應有的樣子或國力的結構，也包括近代英國時代精神與菁英精神結構的變化，這與國家的發展相一致。

其中今日我們特別感興趣的，是「不列顛治世」在安定期的現象與特質。而此一現象可以與「不列顛治世」的「三大支柱」一同說明。

首先第一個支柱是「英國本身的力量」。其中包括：

①優越的海軍軍力。

②廣大的殖民地。

③產業革命與商業立國的傳統所培育出的經濟力量（尤其是巨大的工業生產力在世界貿易總額所占的高比例，以及金融、保險、海運等優勢）。

以上三個條件，是支撐「不列顛治世」的重要因素。

雖然以上這些在教科書裡都有提到，但筆者特別重視的主因是：

④相較於英國，十九世紀前半到中葉其他歐洲列強的積弱不振。

但這與英國本身力量的優越性剛好相反。

在法國大革命以及打敗拿破崙後，除了英國和俄國外，幾乎所有歐洲列強都被「革命再興」

的恐懼所籠罩。例如法國有一八三〇年（七月革命）、一八四八年（二月革命）、一八七一年（巴黎公社）等三次較大的革命，還有不計其數的政變等等。而德國（德意志地區）在俾斯麥主政前的一八三〇到四〇年代，以及整個一八五〇年代，都在不斷革命與遭遇挫敗。

國內政治經常性的不安定，加上對外政策之故使得他國無法挑戰英國，這也是「不列顛治世」形成的重要原因之一。也就是說，歐陸各國處理當時的對外關係時，僅能以維持現有秩序為目標，因此全歐洲各國很難在意識形態上與英國匹敵。研究不列顛治世最為興盛的一八一五至一八七〇年之間，考察歐洲長期和平的英國歷史學家伍德華德（E. L. Woodward）便強調，維持「英國和平」的最重要因素，在於對「革命的恐懼」。[4]

至此，不列顛治世的形成有兩大主因。第一點是「英國本身的力量」（如前述三點），以及第二點「其他歐洲各國內部的積弱」。

但不得不提的第三項主因，堪稱是支撐「不列顛治世」的台柱，就是「英國的靈活度」。亦即在外交、對外策略上特有的「技巧性」。的確，外交上的「技巧性」很難以學術理論來定義，但若不提此點，便幾乎無法理解「不列顛治世」。英國戰略史名家巴特雷特（C. J. Bartlett）就曾對此表示：「十九世紀這個時代，可說是優越的英國外交的時代。」[5]同時，頗具眼界的日本東南亞史家永積昭對於英國「長於外交」這一點，也有以下這樣耐人尋味的看法：

放眼世界，具有原則並長於外交的國家並不多。充其量大概只有英國；而沒原則卻擅長外交的大概是泰國。有原則但不懂外交的國家很多，如美國、蘇聯、中國等。而沒原則又不會外交的國家非常少，很遺憾的，我認為日本只能屬於這一類。（《月在東日在西——東南亞與日本之間》〔月は東に日は西に——東南アジアと日本のあいだ〕）

對日本和美國的評價暫且不提，在不同意義之上，英國和泰國被廣泛認為「長於外交」。尤其是英國，如前述荷蘭傳教士菲爾貝克所言，在十九世紀「不列顛治世」的鼎盛期，英國已在外交上廣獲好評，這點不容忽視。

「長於外交」的問題暫且不提，重要的是不列顛治世的本質中，包括了與英國本身「以力量造就的和平」相同程度的「以外交造就的和平」。我們可以明白，這是「不列顛治世」的另一個、甚至可說是更重要的特質。

實際上，到十九世紀末為止，英國為維持「不列顛治世」所支付的軍事費用，含海軍支出在內，僅占國民平均所得的百分之二。

從此點看來，即可得知如前所述「不列顛治世」是由物質、經濟等所謂「力量的優越」所支撐的看法是多麼不適當。同時，為何「不列顛治世」能如此長治久安，且「世界大戰時代」

何以變為「英國衰亡時代」，答案也可在此點中找到。

從本質上來說，國際秩序的維持大致可分為兩種方式，第一種是直接運用本身力量，集中於特定目的，成為一種直接行使的結構性權力，以達到理想狀態（「直接應對」）。另一種則是並存於各種力量之間的「均衡」，不以「結構性」權力，而是順應「狀況」進行「操作」以帶來安定秩序（「間接應對」）。

在國際政治上，後者可視為所謂「權力平衡」的思想，當作一種「外交」上應有的作法來加以實踐。

作為一種精神上的「權力平衡」

英國這個國家的歷史，屢屢可見令人驚異的「延續性」。其中一例即「權力平衡」的外交傳統。從伊莉莎白一世誕生的十六世紀都鐸王朝到二戰，「權力平衡」這個政策原則可說是英國一貫追求的國家目標。邱吉爾將英國的權力平衡外交這個「四世紀以來一貫的作法」稱為世界史上「最值得矚目的軼事」之一。[6] 著名外交史家羅伯特·西頓瓦森（R. W. Seton-Watson）也指出：「今日英國所維持的權力平衡（balance of power）政策可以追溯到四百年前。」[7]

一般而言，「權力平衡」是在歐洲大陸為防止任何特定國家過度強大，而試圖使各國勢力達到「均衡」的政策。但此一定義形同具文。因為此一政策對於處在兩個以上強大鄰國夾縫中的小國而言，是各項事物決策的必然選擇。對於英國而言，這種定義也是容易導致誤解的一種籠統說明。因為英國史上所謂「權力平衡」的最大特質，與其說是這些定型化的政策，不如說是在那個環境下，或其背後的精神傾向、理念、態度與思考模式。

一八一五年，在拿破崙戰爭光榮獲勝後躍升世界與歐洲要角的英國，在維也納會議上的應對方式，可說是展現了「權力平衡」思想的一個極致。當時為奧地利外交大臣梅特涅（Klemens von Metternich）安排會議的秘書官弗里德里希・建茲有以下紀錄：

> 當英國代表來到維也納時，可以見到他們在各方面都帶著強大的力量而來。這強大的力量是建立在英國本身無數偉大的勝利、反法同盟的主導權、本身無限的影響力，以及許多國家至今都無法達成的經濟實力這些堅實的基礎，也就是說英國的力量是立基於各國因敬畏而響應其號召之上。若能善用此一力量，英國將可以自己的意志控制整個歐洲。但英國卻放棄這麼大的特權，（英國外交大臣）卡斯爾雷（Viscount Castlereagh）經常採取令人

驚訝的中立無私立場。儘管他們能夠凌駕全歐，但他們在會議上的立場卻漸趨柔弱而模稜兩可。[8]

被放逐到聖赫勒拿島的拿破崙，最具代表性的一句話是：「英國在維也納會議上，白白放棄了在歐洲大陸奠定霸權的最好機會。」雖然建茲與拿破崙的立場完全相反，但未能理解英國外交基本概念這點卻是相同的。

當然，英國不是以和平主義與道德理念來壓抑自己的主張，控制住統治歐洲的野心。這「既不可能、亦非明智之舉」。

毋寧說，是英國的「權力平衡」思想，孕育出了他們這樣的態度、想法及思考模式，並成為英國歷史上一貫的主軸。也因此，英國在日後建立了「不列顛治世」這個「不像霸權的霸權」。

英國在維也納會議上表現出的「自制」，有幾分也反映出了英國在美國獨立戰爭這一大挫折中所學到的教訓。此外，這與筆者先前所提到的「間接應對」的「外交思想」精神傾向不無關係。而廣泛來談，以上兩者就「以和談進行控制」這點來看，是共通的。

只要詳加考察任何大國的興衰，即可發現除了眾多物質因素之外，精神因素也扮演重要的角色。有關大國的興衰，向來在國際社會上備受矚目的，除了國力和體制等結構性因素外，該國領袖與國民的想法、思考模式等精神條件也被視為長期興衰的關鍵，如今值得我們更深刻探討的時機已然到來。這與古典衰亡論中精神史的切入點有所不同，在意識形態與工業革命的二十世紀終結後，今日的我們應再次將所謂「文明特質」的精神因素視為決定歷史進程的關鍵而加以重視。至少在思考當時大英帝國這種大幅抑制自身力量與體制的特殊統治與維持霸權的模式時，我們不能迴避其中種種精神上的條件。

第二章

伊莉莎白一世與「無敵艦隊」

「『低地』的獨立是攸關英國之一大要事，它們是我們的前線，若是它們無法獨立，對我們的獨立將是致命的打擊。」

——奧斯汀．張伯倫（Austen Chamberlain）

三個「高峰」和兩個「低谷」

所謂的「國家」，在經歷了自身的歷史過程後，會銘刻出自己的行動模式與「國格」，與一個人的「人格」相同。外交與對外關係的運作方式，每個國家多少都會有本身獨特的個性，以及反覆出現的某些行動或思考模式。這可稱為是這個國家的「外交文化」。思考「外交文化」的問題時，最重要的是和人一樣，也就是性格形成期對於文化養成的作用。

身處大英帝國興盛期的十九世紀、寫下著名的《英國擴張史》（*The Expansion of England*）的劍橋大學歷史學者約翰・西利（Sir John Seeley，一八三四－一八九五年）將英國作為大國的對外政策本質稱為「英國式政策」（British Policy），並專注於形成期的研究。[1]

那麼，我們要如何具體看待奠定近代英國獨特外交傳統的「外交文化」形成期呢？如前一章所舉出的三場戰爭（也就是①與「西班牙無敵艦隊」之戰〔一五八五－一六〇三年〕、②「西班牙王位繼承戰爭」〔一七〇一－一七一四年〕、③「法國大革命與拿破崙戰爭」〔一七九三－一八一五年〕），由此看來，這幾場戰爭可分別作為開創重要階段的契機。

近年頗受敬重的十八世紀英國外交史權威赫恩（D. B. Horn）曾指出：「無論是好是壞，

自一六八九年（光榮革命次年，與西班牙王位繼承戰爭有關的「九年戰爭」之始）以後，英國便開始躍升為大國，影響力源源不絕地遍及歐洲，甚至全世界。」[2]

西利認為，這個站在大國「起跑線」上的時期——也就是「英國式政策」萌芽的時期，是理解「英國這個大國」的本質不可或缺的階段，歷來卻未受重視。

也就是說，在思考英國成為大國（列強）的過程時，我們若將前述的②「西班牙王位繼承戰爭」視為「起跑線」，或是「成人式」；③「拿破崙戰爭」視為邁向安定壯年期的開始，那麼①與②之間就是「英國式政策」的萌芽與形成期，並且在這百餘年間（一五八五—一七一四年），從試誤的過程中建立起「英國式政策」的骨幹。在這之間的「成功故事」與「失敗教訓」，逐漸將「應有的外交模式」深植於英國人的歷史記憶中，從而培養出英國的「外交文化」。

實際上，也許我們可以說，從「西班牙無敵艦隊」到「西班牙王位繼承戰爭」之間約一世紀多的時間，即是形成英國外交傳統「決定性的百年」。

當中的覺醒、昌盛與挫折，以及在那之後的復興、自信與困惑，正好與日本從幕末至今百餘年來外交上經歷的過程類似。也就是說，兩者都在達到安定的壯年階段時，又必須經過一段「考驗」，才更臻於「成熟」。

另外，成長期特有的「狂風巨浪」或大起大落的交替，極為強烈的對比，都交織在這短短百餘年之間，這點也相同。說到底，近代國際政治的複雜與深奧，不是在僅僅百年的歲月中就能成熟到足以適應的。

不過，西利提出的百年形成期，其中有三個「高峰」（成功故事）和兩個「低谷」（失敗教訓）。三個「高峰」，是指「伊莉莎白一世與西班牙無敵艦隊」，「克倫威爾的戰爭與和平」（一六五一—一六六〇年），以及「奧蘭治威廉三世的成功故事」（一六八八—一七一四年）。這三人的共同點在於務實主義，秉持國家利益優先及堅定的國家主義，加上主導外交的超凡智慧。因此從伊莉莎白一世到安妮女王（在位一七〇二—一七一四年），建立起了「女王和她的智囊團」這樣的成功方程式。

而「低谷」則是繼伊莉莎白一世的都鐸王朝之後，四位來自斯圖亞特家族的平庸男性君主在位的時代。其中二位狡猾放蕩，揮金如土（詹姆士一世與查爾斯二世），另外兩位（查爾斯一世與詹姆士二世）則是一意孤行的夢想家。這四人都與議會對立（因此後二者導致革命，慘遭斬首與失去王座），經常盲從於外國，常常引起英國群情激憤。此外從各方面來說，外交上的反覆挫敗更是影響甚鉅。

如此看來，我們可以知道英國的外交傳統不是一朝一夕就建立起來的。成長過程中經常搖搖擺擺和遭遇挫折。

而「百年形成期」中的三個「高峰」，則是形塑外交文化上的「模範」。其中最受後代矚目、留下深刻影響的，是「伊莉莎白一世與西班牙無敵艦隊」。

說到底，克倫威爾是個「弒君者」，威廉三世是個「外國人」。相較之下，終生未婚的伊莉莎白一世，則給予後世一種浪漫的傾慕之情。同時，她是作為英國人精神支柱的「Anglican Church」，即英國國教派的確立者，完成了宗教改革，也是一個素樸的國家主義者象徵。另外，與許多優秀的外交領導者相同，她經常為許多瑣事煩惱不已，對事物的看法較為悲觀，又體弱多病。即便如此，與長於外交但性格陰鬱，以及狂熱且一意孤行的威廉三世和克倫威爾不同，伊莉莎白一世同時具備了酷似父親亨利八世的豪氣，以及不可思議的開朗性格。

而伊莉莎白一世的傳記，更是數百年來所有英國君王中最廣受民眾傳閱的。無論任何時代的英國人，都反覆讀著伊莉莎白傳，聽著當中流傳出來的許多故事而長大，因此幾個世紀下來，「外交」的初步概念便逐漸在英國人的成長過程中耳濡目染。當我們思考「英國外交精神」的形成過程時，「伊莉莎白一世與西班牙無敵艦隊」占有相當重要的位置。

「低地」就是「英格蘭的護城河」

英國（英格蘭）*這個國家，在伊莉莎白一世即位那年——正確來說應該是即位的前後三年——才成為一個島國。也就是說，一直到那時之前，英國都不是一個島國。

中世紀以來，英格蘭原本在今日南法與比利時等地有許多「海外領土」，但在伊莉莎白一世即位的一五五八年，英格蘭失去了在歐陸的最後一塊領土——加萊（Calais，今屬法國）。

在中世紀，從愛德華三世（在位一三二七—一三七七年）以來長達數世紀，加萊都是英格蘭向大陸擴張的象徵，也是向歐洲擴張領土的重要灘頭堡。喪失加萊這個地方，雖然打消了英格蘭民眾對於向歐陸擴張與控制領土的關注度，卻也意味著防備歐陸侵略所需的「海防」在英國史上首次成為國防的關注要點。

以巴黎為中心逐漸向北膨脹，陸續併吞北法諾曼第、皮卡第（Picardie）等地區的法蘭西王國，在此時已經控制大西洋沿岸從布列塔尼（Bretagne）到加萊的整個英吉利海峽南岸，對英國而言，這表示「海防」相當困難。

當時英吉利海峽周邊，幾乎總是吹著對英格蘭不利的強烈西南風。由於當時的帆船「逆

* 嚴格而言，一七〇七年聯合法案後，英格蘭王國與蘇格蘭王國合併，英國（大不列顛王國）才正式形成。——編註

風而行」的性能極差，耐浪性亦不佳，因此從海峽南岸出發的侵略艦隊可乘著吹向英國的風攻擊英格蘭，同樣的風卻使得英格蘭的迎擊艦隊無法出港。換句話說，受洋流影響，諾曼第或布列塔尼半島港口附近的法軍若欲攻擊對岸的德文（Devon）、多塞特（Dorset）或罕布夏（Hampshire）等地，即使離海岸尚有相當距離，只要有船，就是「決定國境的軍隊」，隨時可以攻擊英國。

同時，為了防備可能從英吉利海峽南岸各處出兵攻擊的軍隊，除了必須持續情蒐外，能夠派駐大陸作戰的部隊人數其實也相當有限。此點對於歐陸各國的軍事平衡相當不利。保衛島國的方式與以往端賴軍事力量的狀況大不相同。

嚴格來說，英國即使失去了加萊，也還不是一個「島國」，因為英格蘭與不列顛島北方鄰國蘇格蘭的紛爭達千年之久。蘇格蘭與英格蘭兩個不同民族是不共戴天之仇，千年來不斷互相侵略與占領。基於「敵人的敵人就是朋友」，所以蘇格蘭與法國幾世紀以來，一直是「自古以來的同盟國」。一五五八年伊莉莎白一世即位時，某位英格蘭官員對當時國家處境有以下的發言：

> 女王困頓，王國荒廢，貴族疲弊，缺乏良兵，民間失序。法國國王覬覦加萊，另一邊又

英吉利海峽圖

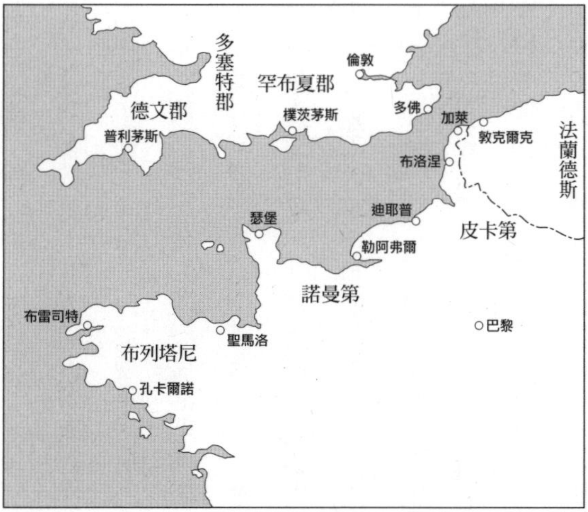
多塞特郡
罕布夏郡
倫敦
德文郡
樸茨茅斯
多佛
加萊
敦克爾克
法蘭德斯
普利茅斯
布洛涅
迪耶普
瑟堡
皮卡第
勒阿弗爾
諾曼第
布雷司特
聖馬洛
巴黎
布列塔尼
孔卡爾諾

有蘇格蘭夾攻。

但伊莉莎白與內閣大臣威廉・塞西爾（William Cecil），在即位次年便巧妙介入蘇格蘭新教運動引發的動亂而出兵，援助新教派，並成功占領南蘇格蘭。最後締結《愛丁堡條約》，將蘇格蘭納為衛星國，成功撤除了陸上國境，終於使英國成為島國。另外，當時正處於地理上有諸多發現的大航海時代，向大西洋彼岸新大陸發展的熱潮終於也滲透到了英國社會。

但如此追求國內安定，並尋求新發展方向的英格蘭，卻也遭逢國際政治上的嚴重衝擊。

一五六七年夏季，具有最先進裝備，在當時屬於超級大國的西班牙，由歐洲第一猛將阿爾瓦公爵（Duque de Alba）率領陸軍五萬精兵進駐英格蘭對岸的尼德蘭（Netherlands，即今日荷蘭與比利時被合稱為「低地」之處）。「低地」這地方原為勃艮第公國所統治，如二十世紀荷蘭歷史學者約翰・赫伊津哈（Johan Huizinga）在《中世紀的衰落》（*The Waning of The Middle Ages*）中所描述，是西歐優雅而精煉的先進文化、經濟及金融中心。

因哈布斯堡王朝的聯姻政策，「低地」雖然在十年前加入西班牙版圖，但從中世紀以來該地一直被賦予自治與宗教寬容的特權，也獲准成為軍事上的空白地帶。但為了鎮壓前一年開始以荷蘭新教徒為主的反西班牙暴動，西班牙突然派出阿爾瓦公爵帶領大軍壓境。

此一事件，使得原屬歐洲國際政治邊緣的英吉利海峽沿岸西北歐地區，成為列強攻防的一大兵家必爭之地。對伊莉莎白一世時代外交史知之甚詳的歷史學家瓦南姆（R. B. Wernham），將這次西班牙軍的進駐評為「近代前期歐洲史的一大轉捩點」。[3] 尼德蘭全境被擁有歐洲第一的裝備與戰力的西班牙陸軍的大規模部隊占領，不僅是阻礙了中世紀以來該地自然成立的微妙穩定局勢及貿易金融中心的機能，更改變了西北歐的整個戰略狀況。

其實，尼德蘭西部的國境離巴黎不到九十英里，離英國肯特（Kent）郡海岸更只有三十英里。一旦結合了「低地」卓越的海運能力，西班牙大軍的存在將影響英格蘭的安全。人們對這一點有著深刻的認識。即使西班牙在形式上僅僅是為了鎮壓自己國土上的叛亂而出兵，但就如伊莉莎白的內閣大臣塞西爾所說的，此舉可視為對英格蘭潛在的戰爭行為。

只要某地「存在」著軍事力量，無論其意圖為何，都被視為是「威脅」。這樣的歐洲式思考原本就為主流。加上此地戰略上的敏感性，往後更成為近代英國外交根深蒂固的傳統。

更應關注的是，在英國邁入近代的這個時期，這樣的戰略認識是許多英國民眾的共識。

英格蘭議會開始出現這樣的聲音：「假使低地諸國（low countries）被西班牙王朝鎮壓，西班牙人將能如風神和海神般，在多佛海峽上呼風喚雨。」的確，若讓具有先進裝備的西班牙軍隊登陸，眾所皆知，當時基本上仍為「弓箭陸軍」的英國軍隊鐵定無法招架。「低地」就是

「英國的護城河」，保衛低地等於保衛英國。這種戰略概念此後成為英國外交史的基本命題，深植於國民心中，此一事件便是「轉捩點」。

同時，此一事件也與北法海岸對英國的意義相連結，成為植入英國人靈魂中的「歷史一貫感」。也就是說，如果因為歐洲大陸國際政治的變動，使布列塔尼半島到萊茵河口之間的「低地」海岸被某個國家所控制，英國將完全無法抵禦侵略。這個戰略概念在伊莉莎白一世在位時獲得確認。實際上，此後英國信奉數個世紀的外交權力平衡政策，就是這個戰略概念的結晶。

作為「典範」的伊莉莎白外交

一九三四年，長年擔任英國外交大臣，因為在國際聯盟等處的活躍而獲得諾貝爾和平獎的奧斯汀・張伯倫，曾如此陳述英國對「低地」政策的基本原則。

> 英國的外交政策，當然也曾多次偏離常軌或產生變遷。但自「西班牙無敵艦隊」時代至今，這段漫長的歷史中，仍有我們向來恪守的原則，也就是我們不容許「低地」被軍事大國控制。因此我們先後與菲力普二世國王的西班牙、以及路易十四和拿破崙統治的法國交

戰。一九一四年夏天，我們參戰的決定性因素，也是因為比利時遭（德國）入侵。「低地」的獨立是攸關英國之一大要事，它們是我們的前線，若是它們無法獨立，對我們的獨立將是致命的打擊。[4]

的確，到二十世紀中葉為止，英國歷代的領導人都忠實遵守此一原則，來判斷是否參戰。確實，後代領導者面臨的處境，比伊莉莎白一世的時代要複雜而困難得多。但如此也更突顯出伊莉莎白的外交領導力作為後世典範的價值。

從另一個角度來看，當時駐紮在「低地」的西班牙大軍固然毫無疑問是個嚴重的威脅，但企圖進入「低地」的法國勢力才是更大的潛在威脅。有意支配「低地」而擴張的軍事大國，就像往後的時代一樣無獨有偶，因此，困難之處在於如何使兩者「保持均衡」。

原先英格蘭並無施力的餘地，但當時的新興大國中，離「低地」最近、潛在威脅最大的法國，正處於天主教對新教（胡格諾派）的宗教戰爭（胡格諾戰爭）之中，一時之間沒有餘力對抗西班牙。再者，也有人希望法國內戰能早日終結，讓法國變成新教徒國家與西班牙相抗衡；但諷刺的是，這群在宗教立場上與英格蘭較相近的法國新教勢力，一直沒放棄對「低地」的野心。

因此，無論是新教徒或天主教徒（雖然其他英國人有時會被教派意識撕裂），對伊莉莎白一世而言，覬覦從布列塔尼到「低地」這個範圍的勢力，才是「主要敵人」。在攸關意識形態的價值觀上保持中立，這種外交觀念在當時稱為「政治家派」（Politiques），被後世視為成功的秘訣之一並加以繼承，此點也極為重要。英國比其他任何國家都更看重這種觀念。

且伊莉莎白一世數十年來所一直實踐的，是能夠同時察覺且判斷兵臨城下的威脅和潛伏於他處（甚至可能更嚴重）的潛在威脅，這實在並非易事。受到誘惑而決定傾向任何一方，也是人之常情。但伊莉莎白一世卻沒有，在如此事態之中「把持自己」，這種心理與精神上的自制，讓後世的英國人體認到，這是外交指導者首先必須具備的性格特質。同時就如後世所知，在如此複雜的情勢當中，更需努力收集情報。「情報」才是決定國家生死的關鍵，這個國民的普遍認識也產生且奠定在此一時期。

首先，該如何讓西班牙軍撤出「低地」？對於幾乎沒有軍事對抗手段的伊莉莎白的英格蘭而言，可說是難題中的難題。

對此，①開始動用與西班牙國王的人脈關係（想要占領英格蘭的菲力普曾向伊莉莎白求婚）試圖說服其撤退。②秘密支援與西班牙軍交戰的荷蘭人叛軍（秘密提供經費或武器）。③使用海盜妨礙西班牙駐軍的補給。④利用「流言」孤立對手，採用傳統盎格魯－撒克遜民族所擅長的「流言戰略」傷害西班牙在金融市場上的信用，妨礙其軍事費用的籌措。最後⑤在新大陸襲擊並未從事國家間戰爭行為的西班牙船隻（大多為運送銀礦）。這是當時英格蘭配合其力量與立場，有系統地結合各種複雜手段，不「直接應對」西班牙在「低地」的駐軍，也就是不使他們有對英宣戰的理由，而是採用各種能夠控制風險的手段，使他們對「低地」叛亂的鎮壓「絕對無法成功」，成為「可無限調整之舵」[5]。這種「間接應對」的戰略，持續為英國所採用。

當然，如此未必一定能讓西班牙撤軍，但若「利用法國的力量」，便可使選擇更加多樣化。在運作上也必須同時防止法國勢力進入「低地」，避免牴觸另一個國家目標。

在這一點上，塞西爾與雷斯特伯爵（Robert Dudley, 1st Earl of Leicester）等顧問與伊莉莎白在意見上時有對立。英格蘭縱然希望西班牙撤退，但西班牙在「低地」的政治影響力仍必須有法國的授意才能維持。而「低地」的新教徒荷蘭人一旦獨立，只會讓法國勢力更長驅直入，因此必須以任何形式全力阻止。因此，即使有奧蘭治這樣獨立派的荷蘭人向伊莉莎白「奉上王冠」，也要斷然拒絕。英國的政治策略就是如此確立下來的。

將「背信」轉化為「正義」的智慧

在不斷預演與「無敵艦隊」間外交戰略的一五七〇年代，這樣的「自制」與「間接訴求」成為典型伊莉莎白式外交的案例，而反覆出現。

當時，在法國宗教內戰中占上風的新教派（胡格諾派），請求英法共同援助陷入困境的「低地」荷蘭新教徒，他們建議將「低地」南部的法蘭德斯（Flanders）劃歸法國，而「低地」北部的荷蘭（Holland）和熱蘭（Zeeland）兩省（今日荷蘭的中心地帶）則歸屬英格蘭。

當然，讓法國將勢力擴展到加萊以東的海岸地區，明顯不符合英格蘭在戰略上的利害關係。但當時在「雷龐多海戰」（西元一五七一年十月七日）中獲勝的西班牙除去了東方鄂圖曼土耳其的威脅後，已然有餘力轉向「低地」與英國周旋。看來已無選擇餘地。因此，伊莉莎白的英格蘭與法國在一五七二年四月簽訂《布盧瓦條約》（*Treaty of Blois*）結為同盟。

但是，這個同盟的運作非常有「伊莉莎白」的風格。其複雜與微妙的程度，大大超出日本人的理解範圍。

締結同盟後，伊莉莎白便以英格蘭東南部海港為據點，飭令將英吉利海峽上襲擊西班牙船隻的荷蘭掠奪船隊「海上乞丐」（儘管過去對此加以默許）驅逐到多佛海峽沿岸的英國各港口。

此一措施，首先是作為一種保險措施，在與高唱和西班牙對決的法國結為同盟時，同時向西班牙「釋出善意」。

另外，被驅逐到多佛海峽的「海上乞丐」的棲身之處，也已事先安排妥當。也就只有在「低地」鹿特丹河口的布里勒（Brielle）以及安特衛普（Antwerpen）下游的弗利辛恩（Vlissingen）。尤其後者是位於「低地」大動脈斯海爾德河口瓦爾赫倫島上的要衝，控制此處，就可掌握「低地」海上的出口。我們可以把這兩個要衝比喻為架在英格蘭城的護城河上，兩座細細的吊橋。

讓與伊莉莎白暗通款曲的荷蘭「海上乞丐」早早進駐布里勒和弗利辛恩這兩個戰略據點，作為新的根據地，這對英格蘭來說不只是對西班牙，也是防止法國這個「同盟國威脅」的手段。

這是因為大家心知肚明，背後有伊莉莎白撐腰的「海上乞丐」，表面上是被英國「驅趕」到這兩個河口港灣，但實際上卻是避免讓有意與英國共同進駐法蘭德斯海岸的法國勢力進入，因此讓他們進駐這兩處對英格蘭的安全有決定性影響的「吊橋」，具有「先發制人」的意味。這也可以讓英國與西班牙不至於正面衝突。不僅如此，伊莉莎白也與面對英法聯手而感到苦惱的西班牙展開秘密交涉，讓西班牙得知若法國有意進駐「低地」海岸，「英國將會站在西班牙這一邊」。

一般而言，我們當然可以說這是對法國的背信。但伊莉莎白所說的「站在西班牙這一邊」

英法海洋周邊圖

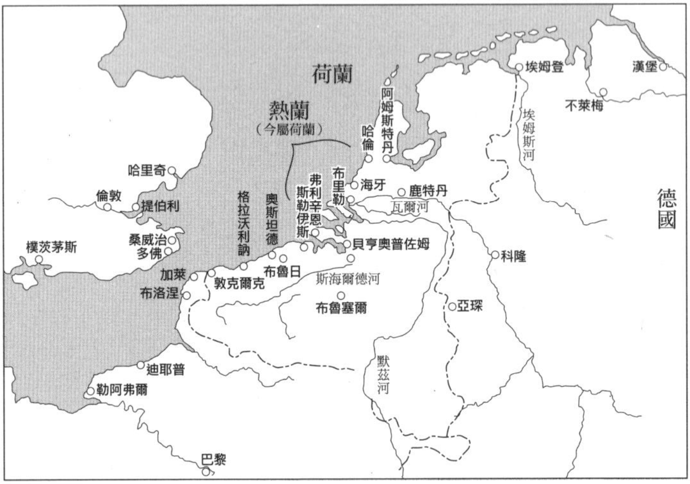
荷蘭
熱蘭
（今屬荷蘭）
阿姆斯特丹
哈倫
埃姆登
漢堡
不萊梅
埃姆斯河
德國
哈里奇
倫敦
提伯利
樸茨茅斯
桑威治
多佛
格拉沃利訥
奧斯坦德
弗利辛恩
斯勒伊斯
布里勒
海牙
鹿特丹
瓦爾河
貝亨奧普佐姆
科隆
加萊
布洛涅
敦克爾克
布魯日
斯海爾德河
布魯塞爾
亞琛
默茲河
迪耶普
勒阿弗爾
巴黎

具有巧妙的附帶條件。也就是要求西班牙自「低地」撤退的同時必須同意恢復當地過去的自治。而此一「條件」也就是《布盧瓦條約》所規定，英法同盟存在的大義名分所在，為了在與西班牙的暗中來往被發現時會被責難這是對法國的背信，必須先確保其正當性。

要西班牙判斷英格蘭會堅守這些「條件」到什麼程度，是西班牙的自由。但萬一西班牙同意英格蘭的條件，英國就沒有必要一定得與法國合作（也就是背叛法國）。而且為了確保保護新教徒的名分，可以標舉出更高層次的「正義」（fairness）。這一點當然多少含有「偽善」的成分，卻不一定會完全陷入犬儒主義。試著「八面玲瓏」循序漸進，是英國式的「fairness」思維。而「fair」這個概念，經常帶有某種程度的偽善。也就是說，原先應該對法國信守道義，但其實法國明顯抱有某些野心，因此有必要保留空間，把一般而言「背信」的行為，轉化為更高格局的「正義」。

如果說「操作名分才是外交的精髓」，或許這就是一個最明顯的例子，充滿了「伊莉莎白一世風格」。後世的英國人甚至將這種「道德與利益的操作」視為一種外交手腕上的典範。

無論如何，即使締結了同盟，若實際與法國共同對西班牙交戰，這對伊莉莎白一世來說也只是一場「惡夢」。法國或西班牙，任何一國的滅亡，對英國而言都是唇亡齒寒。因為英國生存的基礎，就建立在法國與西班牙兩個相鄰超級大國的對峙之上。也就是說，英國深知在西法兩國之間求取平衡，才是自身賴以生存的「命脈」。

必須注意的是，這些部分與英國成為勢不可擋的大國之後，所正式採行的「權力平衡」政策大異其趣。在英國成為大國之前，從伊莉莎白一世時代到十八世紀初為止，英國的「權力平衡」政策，是以更直接的型態顧慮本身的生存，視自己為弱者，在歐陸兩大勢力的對立與均衡之中尋求本身的安全保障。

相較之下，十八世紀後穩居大國地位的英國，所謂的「權力平衡」政策，就為了因應母國利益與歐陸的安定而變得更加主動，也為了組織起能對抗歐陸新興勢力的集團而變得更具戰略性與人為化。然而即使英國已成為超級大國，卻仍繼承小國時代對力量均衡的敏感度，因此對將來可能挑戰自身大國地位的動向或勢力，仍然保持猜疑與嫉妒、有時甚至過度了。

回到伊莉莎白的時代，同盟的效用即在此——也就是把法國（剛停止內戰，鬆一口氣，便企圖進入「低地」的法國）拉攏過來並加以約束；另一方面，與法國結盟可以迫使西班牙必須與英國直接交涉，而減輕對荷蘭人的壓迫，同時也使英國能間接控制戰略要衝。總之，英國從一開始就已經估算如果後來情勢走向超出預期，英法同盟將有害無益。

也就是說，情勢的發展與作為英國生存基礎的外部權力平衡一旦發生變質，就必須終止《布盧瓦條約》的效力。的確，這是個「複雜得無以復加的思維」。但在行動上絕不表現出逾越當前狀況的清晰意圖，以及僅希望西班牙從「低地」撤軍等「目的意識的一貫性」，這樣的基本方針是理解該思維的關鍵。當中也包含了「堅定地伺機而動」的智慧。

外交上最忌諱的就是「求快不求好」。在國際關係這樣高度複雜的狀況下，任何事都可能發生。與行動緩慢相比，一般來說太快投入的危險性更大。現代英國都鐸王朝史權威亞瑟・狄更斯（Arthur Dickens）曾如此分析：

> （伊莉莎白一世有時展現的）巧妙的迴避，經常為英國帶來福祉。因為即使歐陸傳來的消息再怎麼不樂觀，歐洲的局勢仍瞬息萬變，因此在（外交上）炒短線而投機主義的政策下依然保持一貫性才是上策。[6]

此外，對於「正義」的操作，這也是伊莉莎白一世外交所表現出「英國外交精神」的典型例證之一。在這樣的外交模式中，能達到「堅定地伺機而動」與徹底的經驗主義的大前提，在於「情報」。

擊敗「無敵艦隊」的關鍵

在外交上重視情報，才是權力平衡政策以及其後不列顛治世「以外交達成的和平」的一大（甚至有時是最大的）支柱。也因為這點，伊莉莎白一世時代得以成為「近代英國的開端」，更深深影響了後來的英國外交史。

儘管伊莉莎白一世採用各種投機主義，但到了一五八四年七月，西班牙即將成功鎮壓荷蘭反抗分子，面對此一形勢，當時英國女王親自主持樞密院會議，逐一徹底討論了以下各項審議項目：

①已被逼到絕境的荷蘭人，他們的抵抗是否還有用處？②如果西班牙完全控制「低地」，是否會攻擊英國？③英國人當中的天主教徒，是否有倒向西班牙的可能性？④西班牙攻擊英國的具體手段為何？⑤如果英國能阻止「低地」淪陷，能否避免西班牙攻擊英國？⑥如果能夠阻止西班牙攻擊，那麼具體的阻止方式為何？⑦為了救援荷蘭人，是否應該與法國合作，以及是否有合作的可能性？⑧英國是否應該單獨介入？⑨若英國介入，是否將引起與西班牙間的戰爭？⑩若與西班牙開戰，英國能戰勝西班牙的方法與資源為何？⑪若開戰，大約要花多少費用？⑫開戰時，應對西班牙採取何種戰略？⑬戰爭對英國貿易的影響為何……等等。

這份長達二十三項、極為綿密判斷情勢的內閣文書，由繼任塞西爾的內閣大臣法蘭西斯・沃辛漢（Sir Francis Walsingham）按照伊莉莎白的逐項指示所寫成。這些基於事實的詳盡判斷，可以看到一種冷靜到極致的態度，同時令人感受到一股魄力。

三百多年後，在一九五〇年代擔任英國外交部副大臣的史特朗（William Strang）也提到此一文書，並表示：「一九五六年的蘇伊士出兵計畫，如果能做到這樣細密的情勢分析，就不會造成這樣悲慘的結果。」[7]不需舉出「蘇伊士」和「珍珠港」來比較，就智慧與理性主義來看，已可證明十六世紀在情勢分析這點上，大大勝過二十世紀。

當然，若要能確實分析情勢，第一層的情報收集與評估是必要的。這也就是十六世紀時由沃辛漢成立、成為英格蘭外交生命線的情報活動，也是後來發展出「００７」及「ＭＩ６」（又稱軍情六處）傳說的英國秘密情報局（ＳＩＳ）傳統的開端。

此一傳統的最大特色，在於必定於外交官體系外另外成立情報機構，以便再三確認外交情報。因為，實際制訂外交政策的菁英為了使政策朝向對自己有利，往往傾向將收集到的情報曲解成對本身有利的方向。英國深知其嚴重性，才成立情報專責單位。

近代英國的情報機構（如ＭＩ６、ＳＩＳ等）雖然隸屬外交部，但獨立於外交官情報體系之外，此一傳統從未改變。這與近代外交制度誕生地威尼斯的情報收集理念完全不同，是英國特有的傳統。

一五八七年，西班牙「無敵艦隊」（Armada）即將出兵英格蘭。沃辛漢製作以「西班牙情蒐方策」為題的機密文書，展現出英國情報網涵蓋全歐洲、深入各國外交中樞的「強大」程度。從西班牙到「低地」，法國自不待言，包括北歐丹麥、波蘭的克拉科夫、梵蒂岡到威尼斯等主要國家也無一遺漏，滲透層級之高令人難以置信，內容也包括關鍵的無敵艦隊動向。實際讀過此一文書的英格蘭，早在一年前便已清楚知道「無敵艦隊」來襲的結果。

隔年，無敵艦隊果然來襲了。擊敗敵軍一百三十艘艦艇與三萬士兵的，就是德瑞克（Sir Francis Drake）與霍華德（Charles Howard）所指揮的英格蘭艦隊（與北海暴風）。他們確確實實地利用沃辛漢所提供的情報，以及掌控從「海上乞丐」手上接收來的荷蘭要衝，讓無敵艦隊無法在「低地」靠岸，將之逼到絕境。這是僅僅一千五百人的英格蘭守備隊的「戰略價值」，以及運籌帷幄、全盤操控一切的伊莉莎白一世的「戰略智慧」。

三百年後，東鄉平八郎在格林威治海軍學校用心學習這場與西班牙「無敵艦隊」的海戰經驗，他是否也同樣用心學習這樣的「智慧」？這是整個近代日本的課題，也許至今都還未完成。

第三章

支撐英國的另類紳士

「帝王之不興，大眾之狂躁亦無法動搖我。浮薄塵世之褒貶，外國之威脅，甚至羅馬都城之雜事，皆無法撼動我等之權力。」

——威廉．坦普爾（Sir William Temple）

並未失卻堅持

思考大國衰退這個現象，實在是一道難題。尤其在爬梳當時人們的看法時，更是深刻感受其困難。

石井菊次郎是二戰前日本外交的代表人物之一，《藍辛－石井協定》（Lansing－Ishii Agreement，一九一七年）使他名留青史。儘管在氣勢上略遜於明治時代的人物，他卻是繼陸奧宗光、小村壽太郎之後，在國力達到鼎盛的大正時期外交圈代表人物。他飽覽歐洲古今史書，知識之淵博可謂霞關（日本中央官界）外交官當中的佼佼者。石井在一九三四年曾撰文〈英國衰亡論之是非〉（英国衰亡論の当否）[1]，內容充分展現了石井當時對歐洲一流的理解水準與歷史眼界。

其中石井自行設定了「號稱日不落的英國，其國力是否已日暮西山」這個問題意識。他對當時日本人經常掛在口中的「日落的英國」感到憂心，並展開相當堅實的論述。

石井首先舉出數個歷史上的例子，強調雖然過去早就存在「英國衰亡論」，但英國一直讓大家跌破眼鏡，發揮強韌生命力，挺過「衰退」的危機。例如十八世紀末，因美國獨立戰爭敗北而使英國喪失北美殖民地時，歐洲知識圈曾興起「英國世紀即將終結」的說法。[2] 但石井表示，實際上英國在之後的法國大革命戰勝拿破崙，創造了另一個盛世。的確如此。這是個很好的例子，告訴我們以「趨勢」判斷歷史是不可靠的。

到了二十世紀初，看著深陷南非波爾戰爭泥淖中的英國，想當然爾，許多世人再次認為「英國氣數已盡」。石井舉出，當時抱持此種想法的代表人物是德國皇帝威廉二世（Wilhelm II）。據說威廉二世認為英國已是「垂死病人」，因此才會在第一次世界大戰時貿然出兵。石井根據史實如此陳述：「十八世紀末葉，斷定英國經過兩百年的興盛即將衰退的歐洲各國，發現事實並非如此。錯估情勢的拿破崙被流放到聖赫勒拿島。而一個多世紀後，目睹二十世紀的英國、輕率判斷它將沒入深淵的威廉二世（失去王位後）也被放逐到荷蘭鄉下，對著月亮乾瞪眼。」

站在此一論述基礎上，石井又提醒：「即使不相信英國的榮景能夠長久持續，但如果就此認定英國像一棟面臨傾圮、逐漸崩毀的房屋，是極其危險的。」英國仍具備「世界霸主」的實力。雖然有人認為英國是個「已陷入老朽、實力不再的衰退國家」，但石井的結論認為英國仍秉持信念，「並未失卻堅持」。這的確是基於史實的堅實論述。

不過，實際結果卻與石井的看法迥異。

因為，才不過二十年光景，世界大國英國便日薄西山（一九四七年印度獨立與英軍撤出巴勒斯坦，到了一九五六年的蘇伊士戰爭，一般認為象徵作為帝國的英國「正式結束」）。當然，石井這番論述是要勸誡當時主導全日本、以陸軍為中心的「冒險政策」，站在這角度來看，確實意味深遠。但事實上，後來的發展並不像石井所預測。石井並未洞悉到所謂「大國興亡」這部漫長的戲碼與歷史動向，他犯了務實主義者容易落入的盲點，往往過度看重當前狀況。

「穩當」與「安逸」在知性領域上僅一線之隔。而兩者混合在一起後，即成為日本所謂的「霞關外交」。「穩當」與「安逸」的相近與可怕之處，不僅是外交官，所有日本人都應該深刻自覺。日本的集體性格傾向，容易形成將「穩當」與「安逸」劃上等號的文化體質，使得發達後的日本傾向將「安逸」誤以為「穩當」，並逐漸根深蒂固。

事實上，當時英國國內就有人對「大英帝國的堅持性」提出質疑。

亞瑟．布蘭特（Arthur Bryant）是二十世紀英國代表性的歷史學家，以開明愛國主義立場為人稱著。在石井菊次郎發表上述論文的同一年（一九三四年），他提出疑問：「我們英國人，還能夠將繼承自父祖輩的強盛國力傳承到下一代嗎？或許現在已經不可能了。」[3]

在此再次強調，我們必須先了解時代背景。石井的論述之所以錯誤，主因在於他當時必須阻擋日本國內以陸軍為中心的盲目冒險政策。石井等親英美派菁英雖然在國內具有一定分量，但論及國際情勢時，他們「顧及國內」的傾向仍較強。因此以一位純粹的歷史觀察者角度來看，這群人僅看重眼前狀況，政治眼光短淺，觀察歷史動向不夠精準。這個例子證明，關心政策的實務人士很難去深入觀察長期的歷史趨勢。

面對一部分斷言「英美為首的時代已結束」，操弄冒險主義詞藻，並煽動日本向外擴張的右翼陸軍勢力，這群人固然是想加以防堵，但也因此忽略了更大的歷史趨勢，最後導致更慘重的破滅。六年後，看到在敦克爾克潰不成軍的英軍，日本各界更加認定「大英帝國果然走向衰敗」，因此包括在石井之後任職外務省的後輩們，都紛紛轉而擁抱過去不敢聲張的「日德義三國同盟」的提議。這個國策上的急轉彎也導致了日本的破滅。

再者，或許另一個更重要的原因，是石井對國際情勢的以下看法：「除了我國以外，在遠東握有重大利益的強國首推英國。其次則是美、法、荷三國。其中法、荷在遠東的力量已不大，不提可也。而美國則有意放棄唯一在遠東地區所領有的菲律賓，從對領土的慾望看來，可說美國對遠東地區已興致缺缺。因此，在討論我國遠東地區領土的高級戰略問題時，唯一對手只剩下英國。」[4]

在當時除了石井以外，此看法也是代表日本的「國際派」的普遍看法。確實，在看待國際社會時，這種無意識地將某種「序列」式思考凌駕於現實勢力關係之上的傾向，是一種「霞關」式的思維，即便以短期來看，無論在政策或輿論上，這都是「妥當」而「安全」的看法。不過回到一九三四年當時的歷史脈絡來看，日本對更大的歷史潮流，也就是「美國」這個國家與文明的嶄露頭角，並未加以思考深度的潛在意涵。對「穩當」與「安逸」的一線之隔也沒有深入體認。當這種「優等生的知性」成為「國際派」，在這世界史上的動盪期化身為日本的決策團隊之際，或許可以說，日本帝國的滅亡未必只是軍國主義造成的。

放眼長遠未來，為了國家，暫時忍受被打壓為「異端」，從堅定的現實主義出發，一貫強烈訴求自己提出的替代政策。像這種菁英式的精神傳統，近代日本是找不到的。

在這樣的歷史脈絡下，與「穩當」互為表裡的主流派，儘管已能意識到「安逸」所帶來的危險性，卻只為了明哲保身而委身於「正統」之中。外務省官員，也就是石井的後輩之中，更陸續有人追隨陸軍那種毀滅性的「皇道主義」。要如何讓菁英階級孕生出「有骨氣的異端」，使大國保有生命力（vitality），不致陷於「安逸」與「自保」，也不邁向「瘋狂」？這與許多層面有關。

雖然對英國的看法不同，但石井與布蘭特在這點上相同的，就是認為一個國家繁榮的基礎，發自於每位國民的精神。石井根據他的觀察表示：「盎格魯－撒克遜民族具有開拓榮景的韌性，也同時擁有長期堅持所贏得的富貴榮華的個性。」布蘭特則認為即使國家開始走向衰退，也表示「正因我們的民族性重視獨立不羈的氣概，才能找到更有價值的力量，也就是精神力量的泉源，而能造就這個帝國」。[5] 也就是說，大概只能用「風骨」與「品行」兩個詞來表達這個非常英式的概念，也就是獨立不羈的「個性」（character），這才是支持「帝國」的「精神」之所在。因此，在「國家」與「個性」之間，蘊藏著理解「大英帝國」的重要關鍵。

真正的「紳士」——威廉·坦普爾

迎擊無敵艦隊、奠定大英帝國基礎的女王伊莉莎白一世，就強勢運用了「個性」這種精神力量與歷史潮流搏鬥，如同史書記載的那般。她帶領英國通往「帝國」之路，在大英帝國歷史上首次展現出「個人」力量的偉大。在傾向「直接應對」的男性重臣面前，身為女性的她貫徹「大相徑庭的論點」的強韌性格，更是盡皆展現。

仔細想想，更能夠支持英國長治久安的，就是在菁英階層中有許多人一生貫徹「有骨氣的異端」這個性格，同時又具有能夠將其納入體制（establish）中、那「海納百川」的包容性。若是順著這樣的思路，從「伊莉莎白與無敵艦隊」到十九世紀形塑帝國顛峰的不列顛治世，在這漫長的歷史之流中，就有一個典型的「人格」以活躍的姿態成為中流砥柱。

在伊莉莎白一世之後，十七世紀英國的外交與國防也一度險些墜入混亂的深淵。站在邁向十八世紀偉大的全盛期、朝真正大國之路邁進的分岔路口，在外交界創造契機的，是威廉．坦普爾。

在日本，一提到「威廉．坦普爾」這個名字，可能會想到他是英國近代的隨筆（essay）先驅，在文學界聲名卓著，這正好表現出當今日本人對歐美相關知識的某種偏向。而現在希望日本人知道，「威廉．坦普爾」也是十七世紀英國頗具代表性的外交官，讓可能陷入惡性循環的英國外交挺過歷史的過渡期。

在日本國際地位日益舉足輕重之際，對於關心歷史發展的多種「選擇」，以及國際政治本質的當代日本人而言，若能更便於理解近代歐洲外交知識，想必再好不過。那群近代日本的知識分子若能將關心英國文學的精力，分出幾分之一到英國外交史這個領域來就好了。相信不是只有筆者抱持這樣的感慨。

無論如何，坦普爾從整體歷史觀點，看出十七世紀中葉紛擾不休的英荷戰爭只是無意義的偶發衝突，因此主張早日停戰。此外他也不迎合當時英國政界討好法國的主流意見，並不斷提出警告，日漸強大的法國對英荷兩國而言都是「歷史的挑戰」。他可說是「異端菁英」的典型代表人物。

中國有「士大夫」，英國則有「紳士」（gentleman）。當然日本也有所謂的「武士道」。

不隨流俗，以更宏觀的國家與歷史視野，不顧私利，貫徹本身信念的外交官坦普爾，可說是真正符合「紳士」這個稱號。至少在英國的文化傳統中，「紳士」一詞本就是用來讚揚一個人的個性與風格。直到今日，英國出版界出版的許多「紳士傳記」中，仍然經常可以看到「Sir William Temple」的名字。[6]

一六二八年，坦普爾生於莎士比亞剛去世不久的「City」（倫敦老金融城）附近，也就是倫敦泰晤士河畔。一六九九年，在後來成為文豪的書僮強納生・史威夫特（Jonathan Swift）隨侍在側下辭世。在此特別介紹他的生涯與大英帝國國運的關係，相信會比文學史更能引發讀者的關注。

坦普爾誕生時，在泰晤士河畔黑衣修士區（Blackfriars）聽著他受洗的教堂鐘聲的人群，有一部分人或許還記得，同樣的鐘聲也通知著人們擊敗西班牙無敵艦隊的捷報；而坦普爾逝世後，爭相搶讀他妹妹所寫成的傳記初版的劍橋大學學生，也就是他的學弟妹們，也有些人曾經目送參加拿破崙戰爭的士兵踏上征途。後來有「打倒路易十四的男人」之稱的坦普爾，是將「無敵艦隊」與「拿破崙」巧妙結合的人物。

他挑戰了《西發里亞條約》（*Peace of Westphalia*）以來所維繫的，決定主權國家平等共存及近代國際社會基礎的「歐洲新秩序」，不斷主張應該對抗威脅英國與荷蘭的存在、追求擴張的路易十四法國，呼籲英荷合作，秉持「自由」價值信念，來對抗法國波旁王朝專制主義。他在英國議會成為與奧蘭治威廉三世的溝通橋樑，為「通往光榮革命之道」鋪路。坦普爾的政治性格，可以說就是全面對抗專制王權的「近代議會制」，與抑制有意擴張國家的「權力平衡外交」兩者，分別在國內及國外發揮功能。他強調，如此將能奠定國家「自由」的基礎。

但當時英國處於尚未達到近代化思維與成熟的國家主義，充斥趨炎附勢氛圍的「王政復古期」（restoration），在享樂與諷刺（cynical）至上的風氣影響下，要能不隨流俗地強調「自由」的價值，不斷力陳象徵磨練的「精神」之重要性，絕非一件容易的事。同時他也站在國家、民族式的自由觀念（liberties）立場，呼籲必須對抗當時壯大的法國。他使得「造就國際上的多數派」成為外交上的關鍵概念，更透過有志從事外交的年輕菁英來教育英國國民。此舉貢獻之大，超越了他的個人成就。

父子相傳的「精神貴族」

坦普爾家族的系譜可以追溯到世居英格蘭中部萊斯特郡（Leicestershire）的貴族家庭。而到了十九世紀，帶領英國攀上不列顛治世頂峰的外交大臣（後來當上首相）巴麥尊子爵（本名

Henry John Temple）就是威廉・坦普爾的第四代子孫（侄子的曾孫）。坦普爾家族在十五世紀「玫瑰戰爭」後曾一度流離失所，到了伊莉莎白一世時代則因「無敵艦隊」的來襲而重振聲威。

與外交官坦普爾同名的祖父「Sir William Temple」和莎士比亞、德瑞克艦長是同時代人，在英國日漸興隆的文藝復興時代是劍橋大學的著名人文主義學者。但在一五八六年，老威廉・坦普爾跟著他的好友，被譽為「英國文藝復興之花」的詩人，也是軍人，同時有英國史上「最高尚紳士」美稱的菲力普・西德尼（Sir Philip Sidney）一起為了馳援荷蘭人而出征「低地」，與西班牙交戰。就像在日本家喻戶曉的「廣瀨武夫中校」在日俄戰爭的情景，這場戰爭有著英國無人不知的著名橋段，親身經歷「西德尼陣亡於札多芬（Zutphen）」這個歷史場景的他，也成了歷史名人。後來老威廉也在伊莉莎白一世時代獲得官職，渡海至愛爾蘭，獲得廣大的土地，晉升為愛爾蘭貴族。

老威廉的兒子，也就是外交官威廉的父親，他並不像約翰・哈佛（今美國哈佛大學的出資者，畢業於外交官威廉就讀的劍橋大學伊曼紐爾學院〔Emmanuel College, Cambridge〕）等許多清教徒，為對抗英國國王的命令而搭上五月花號等船隻航向美洲新大陸，建立另一個「神的國度」。他不為「狂熱」所惑，效忠於查爾斯一世的宮廷，儘管世俗上早已獲得愛爾蘭貴族的地位，卻進一步爭取成為更有權勢的英格蘭貴族。如此想來，或許因為坦普爾家族有追求世俗地位野心的父祖兩代，才能首次出現兼具「骨氣」與「品格」，具有不隨流俗的堅持，敢於成為「異端」的「精神貴族」（也就是前述的「個性」〔character〕）。

姑且不論是否世襲，在一個不容許各種意義的「貴族」存在的社會，就不會出現「剛正不阿的菁英」這種模範。在文化上沒有「貴族」的社會，只會讓菁英知識分子無限庸俗化，民主主義與自由主義價值也終將瓦解。亦即，雖說民主主義與自由主義價值必須有「獨排眾議的精神」才得以存續，但這種精神不會於「大眾」中產生，因此「貴族」才是民主主義的支柱，這是近代英國的思維。再者，這也可以讓擴展為「帝國」規模的英國社會長治久安。至少在此意義上，一個沒有「貴族」的社會，即使強大起來、成為「帝國」，恐怕也只會是短短幾個世代就滅亡的短命「帝國」。

坦普爾父祖輩汲汲營營、追求世俗地位的處世之道，在「父子相傳」的文化下，第三代很明顯將成為「精神貴族」，這對家族命運與國家運勢而言都意義重大。若變成缺乏現實認識的「反骨」，以及囿於觀念的「狂熱」而被逐出體制外、抱持過度理想化原則的反對派，這在英國政治上比活在「處世」與「安逸」中的世俗主義更可恥。

另外，「帝國的堅持」與「父子相傳」（或是師徒、學長學弟相傳）的文化關聯甚深。這種難以正式訴諸文字，類似「不成文文化」的思維與行動傳統，無論在何種民主社會，一個長治久安的大國必定要加以繼承下去。如果實際上不靠世襲，一個缺少「貴族」觀念的社會，國家領導者也將越來越不重視「父子相傳」的文化。如此將加速「帝國」的消亡。

坦普爾家族除了傳承自父祖輩的處世哲學，還繼承了強調「中庸與節制之德」的著名神學家、也是外交官威廉的叔父亨利·哈蒙德那重視實踐的知性（實用取向）及「行動美學」，造就了威廉在外交屆與政界詭譎環境下的手腕。不重視處世之道與實踐主義，只能產生出抱持過度理想化原則的反對派及如同殉教者般的知識分子。若社會上只存在這樣的反對派，總有一天「反對派」會全數銷聲匿跡，形成盲從的社會。

威廉·坦普爾在三十七歲那年首次當上外交官。就任前，威廉·坦普爾帶著知識分子的堅持與對田園生活的理想，寫了以下詩篇明志。

帝王之不興，大眾之狂躁亦無法動搖我。
浮薄塵世之褒貶，外國之威脅，
甚至羅馬都城之雜事，
皆無法撼動我等之權力。
王冠之沒落，跳梁小丑當道，

大海彼端傳來令人憂心的消息。
再如何令人悲嘆，
我還有我的田園。[7]

就像中國南北朝的田園詩人陶淵明，或是古羅馬時代的維吉爾（Publius Vergilius Maro），他吟詠著「country life」的理想，作為對自然的喜好與確立信念的根據，以他氣宇軒昂的巴洛克式獨立不羈的精神，表現出身為貴族對權力與庸俗的不屑一顧。一六八五年，他帶著「交涉專家」的美譽毅然從外交官生涯退休，隱居田園並指導後進。在《伊比鳩魯的庭園與園藝》（*Upon The Gardens Of Epicurus: or of Gardening in the Year 1685*）這部隨筆中，威廉．坦普爾寫下：

無論在哪個國家，都有為追求名譽和權力，而貫注金錢、勞力、精神與生命的人們。這些人大多以為國服務、為追求公共福利為由。但真正的公職其實極為勞心勞力。善良而聰明的人，除非接受國王請求，或被認為除他之外沒有其他適當人選，不然絕不會主動追求公職。[8]

打倒路易十四的男人

一六六〇年代，威廉・坦普爾擔任駐荷公使前往海牙赴任，當時最令他驚訝的是荷蘭的「自由」。與專制王權下缺乏言論自由的英格蘭相比，荷蘭人在政治、外交上公然批判政府，使他大為震驚。也就是說，坦普爾感覺荷蘭人具有真正的貴族性，也就是他們堂而皇之地、具有的「商人國家的貴族性」。荷蘭所具備的市民的貴族性，在對外政策上最為顯著，深深吸引坦普爾的，是那「昂然獨立」的精神貴族性，[9]絕非當時頹廢的王政復古期英格蘭外交容易出現的「（向路易十四的法國）趨炎附勢」、盲目追隨法國的卑微態度。一旦自身的基礎與理念（共和式市民主義）遭到侵犯，即使處境危險也要堅守「獨立」，荷蘭國民所展現出與當時絕對王權的世界趨勢相抗衡的「精神上的堅毅」（moral strength），表示荷蘭的國格相當具有貴族性。當時正全力探索「商人國家貴族性」的荷蘭，與之前的威尼斯、之後的英國相同，也證明自己擁有以商業立國的「昂然獨立」氣概，是能夠躋身世界的真正「貴族」。

歷史學者約翰・赫伊津哈認為，沿著阿姆斯特丹運河畔千百年來不斷增建，樸素卻栩栩如生、充滿個性的經商市民（burgher）住宅，才是真正的「偉大」——堅持不模仿他國，即使與華麗的法國樣式相較顯得樸素，但展現本身個性的尊嚴，也就是精神力量——甚至使他感覺遠勝於壯麗的凡爾賽宮。[10]

進入一六六〇年代，路易十四統治的法國在此進入長達兩百年的擴張政策時代。對當時的英格蘭而言，如何應對這樣的法國，攸關國家命運。與威廉・坦普爾同時代的法國哲學家笛卡兒就直接以理性主義說出這番話：「面對敵國，只要能獲得利益，做什麼都可以被允許。即使狐假虎威，或各種智取都可以。」與其說他是哲學家，不如說仍是「馬基維利的信徒」，也說明了當時法國的外交觀。[11]這番話語表現出的是「力量就是正義」這種單純談力量的「理性主義」，以及不講道義的國家觀（*étatisme*）。從此看來，笛卡兒是非常法國的。我們可以說，同樣目睹近代的到來，笛卡兒完全不同於坦普爾的紳士情操，他完全導向理論主義的知性。

輔佐以「快樂」為人生哲學的國王查爾斯二世，本身同樣腐敗、也是坦普爾上司的大臣亨利・克文特利（Henry Coventry），他於一六七三年在議會討論第三次英荷戰爭時，曾如此力陳對荷戰爭的必要性，與英法同盟的正當性：

> 我們總有一天要與法國或荷蘭任何一方結盟，而選擇前者法國較後者強。法國目前在歐陸軍事上的屢傳捷報，證明這個選擇是正確的。[12]

「與強者結盟」並非權力平衡政策的作法，因為這會更容易破壞勢力均衡。若更積極地看待「均衡」的意義，就應該反對這個結盟政策。而且必須思考，哪一方是具有擴張傾向的危險勢力；哪一方在價值觀上，也就是國家本質更為相通。於是，坦普爾基於他二十年外交官生涯，排除諸多阻力，力陳應與價值觀相通的荷蘭合作，以對抗專制法國的威脅。

坦普爾儘管頗具長才，卻得罪了克文特利大臣，哈佛大學第二屆畢業生、後返英任官的金權外交官喬治．唐寧（George Downing，今倫敦唐寧街的命名緣由即來自此家族），以及為求宦途而推動英荷戰爭的阿靈頓（Arlington）等結為朋黨的大臣與外交官集團。當然也包括國王查爾斯二世於公於私的暗中排斥。甚至還有在他們背後，源自法國宮廷、由路易十四親自發動的「反坦普爾計畫」等各種陰險的暗潮。

坦普爾隨筆的精髓，自然也包括在官場被孤立的狀態，以及因堅持信念而帶來的寂寥。但是，坦普爾能夠長期堅持與當時英國領導階層多數人不同的路線，是因為他並沒有像唐寧或阿靈頓那樣為了私利而從事貿易或殖民地投資而插手金權，他純粹以「知識分子的風骨」與好奇心，觀察著日漸緊湊的國際政治演變，以當時英國人所沒有的「歐洲整體」這個逐漸興起的去宗教化文明意識的擴展，並深切關注重整歐洲秩序，以便建立共享此一文明的基礎。

他的態度和對國際政治的關注，影響了英國年輕世代的領導人——他們多屬輝格派

（Whig），推動光榮革命，並逐漸確立近代的「權力平衡」政策。如果這樣苦口婆心的呼籲沒有發生作用，恐怕英國將淪為路易十四的殖民地。

細看當時的歷史，英國確實很可能淪為法國殖民地，但眾所皆知，最後此事並未發生。光榮革命後，英荷因「抵抗專制」而相互友好，開啟了之後長達二十年的對法戰爭（九年戰爭與西班牙王位繼承戰爭，一六八九－一六九七年與一七〇一－一七一四年）。英國的決定造成西班牙王位繼承戰爭，阻斷路易十四的野心。未能親眼目睹這一切就辭世的坦普爾，在天之靈也能安息，他也因此獲得「打倒路易十四的男人」的稱號。

打敗拿破崙、俾斯麥的勇士們

坦普爾的「氣概」，在往後的英國菁英傳統中沒有斷絕，並一直延續到本書最主要關心的不列顛治世時期。在這個傳統中，絕不可忘記的是兩位外交官的事蹟。在此簡單介紹他們的一些軼事。

坦普爾過世約百年後，十八到十九世紀像他一樣擔起英國外交重擔的，是詹姆士・哈里斯（James Harris，後來的第一代瑪姆斯貝里伯爵）。

但今日對哈里斯的評價不一，可能是由於讀者眾多的外交家哈羅德·尼柯遜（Harold Nicolson）的《外交》（*Diplomacy*）一書所致。尼柯遜筆下的哈里斯，充滿了十八世紀歐洲宮廷外交的頹廢氣氛，這位貴族外交官還出現在俄羅斯女皇葉卡捷琳娜二世洛可可風的豪華靡爛風格宮殿享樂，有「閨房外交」之稱。這種「為公務而行的戀愛遊戲」，對身為同性戀且具有「潔癖」的尼柯遜而言很難接受。但剛直愛國的哈里斯，與尼柯遜描寫的大不相同。

一七四六年，詹姆士·哈里斯出生於英國最高的大教堂所在地索爾茲伯里（Salisbury），是著名哲學家老詹姆士的獨生子。但老詹姆士後來轉戰政壇，歷任下議院議員、財政部副大臣、侍衛長等等，將世俗的成功與廣泛的人脈傳承給兒子。作曲家韓德爾就是老詹姆士的知己，韓德爾的許多歌劇作品都是為老詹姆士而作。詹姆士往後一再強調「父親的恩澤」，是他「成功最大的泉源」，父親的人生經驗和實踐的道義，就是「行動哲學」。這樣的世俗性，加上身邊具有權力慾的父親及友人耳濡目染下，性格敏銳的詹姆士很早就展現出他的政治敏感度。

自牛津大學墨頓學院（Merton College）畢業後成為外交官的詹姆士，首先被派駐西班牙馬德里。一七七〇年，碰上了與兩百年後同樣的狀況，為了英國的福克蘭群島歸屬問題，與西班牙（二十世紀則是阿根廷）之間戰事一觸即發。倫敦內閣面對當時北美殖民地尋求獨立的詭譎狀態，而試圖與西班牙妥協。但身為下屬的詹姆士在大使不在的狀況下直接與西班牙交涉，採取強硬立場，西班牙因而讓步，免去戰爭。當時他年僅二十四歲，在外交界一戰成名。[13]

後來哈里斯擔任駐柏林公使，與老奸巨猾的普魯士國王腓德烈二世（Friedrich II）上演緊迫的外交攻防戰。三十一歲又擔任駐俄大使，在聖彼得堡獨力支撐因美國獨立戰爭失敗而被歐洲全面孤立的英國外交。由於祖國英國已經在北美大陸陷入苦戰，歐洲大陸「反英聯盟」能否團結的關鍵就在俄國女皇手上，因此詹姆士拚命斡旋，終於獲得成功，這就是尼柯遜所謂「閨房外交」的真相。

此後在一七八〇年代，荷蘭成為英、法、普魯士三大勢力競逐之處，法國被孤立，結成（英荷普）對法三國同盟，哈里斯也獲得「第一代瑪姆斯貝里伯爵」稱號。這卓越的外交手腕正是他的看家本領。

法國史上最偉大外交家，「老謀深算」的塔列朗（Charles de Talleyrand-Périgord）曾發出這樣的感慨：「瑪姆斯貝里伯爵（詹姆士・哈里斯）是全歐洲最為卓越的外交官，是不可能被超越的，我們只能追隨他。」

的確，我們會聯想到「舊制度」（*Ancien Régime*）之下的外交世界，以及熟練的傳統印象，但我們要知道，哈里斯不惜與易於流於安逸的國王喬治三世和攝政的王儲（後來的喬治四世）對立，將「英國的國家利益」放在個人利益之上，即使賭上官位也要堅持理念。尤其哈里斯當時年事已高，仍決心奮起，在法國大革命與拿破崙一戰，帶著「賭上性命」的勇氣，帶領年輕一代與法國決戰，這點居功厥偉。

他帶領的小威廉・皮特（William Pitt）和喬治・坎寧（George Canning）（分別生於一七五九年和一七七〇年），以及年輕的巴麥尊（一七八四年生），這些人後來都成為不列顛治世的建構者，以及引領十九世紀英國的人物，他們從年輕時就向哈里斯學習何謂「外交」、「權力平衡」、「交涉」等等，堪稱是「父子相傳」的放大版。而且他們不會將「穩健」與「安逸」混為一談，一點都不平庸。度過十八世紀險惡外交場合的詹姆士・哈里斯，一直在培養年輕政治家的「敏銳度」、臨機應變能力，以及堅定的「貴族式」愛國主義。

相對於稱霸大陸的拿破崙，「緊咬上唇」（stiff upper lip）（英國人表現必死決心，「咬緊牙關」的典型用語）、領導英國外交繼續堅守「獨立」的，可說大多是這位年近七十，幾乎喪失聽覺的詹姆士・哈里斯的愛國熱情所致。他是比納爾遜、威靈頓、皮特或卡斯爾雷子爵等人都更值得被稱為「打倒拿破崙的男人」的英國人。

即使擁有廣闊的國際視野，但若沒有堅強的國家意識，便無法獲得豐碩的外交成果。「熱情」有時在通常必須冷靜的外交場合比任何其他領域更為重要。哈里斯這樣頂尖的外交界巨擘，面對一碰上重大風險就開始退縮的年輕主政者，他會以萬分的熱情鼓勵他們「徹底抗戰」，這樣的氣魄高度證明了當時英國領導者在精神方面的「帝國的堅持性」。這也是當時因為丟掉北美而被盛傳「衰退」的英國「依然頑強」的最佳證明。

最後不能不提的是具有「躍動的知性」及「敢於成為異端的骨氣」，支撐大英帝國，使其堅忍不拔的羅伯特．摩里爾（Sir Robert Morier）。生於一八二六年，一八九三年在駐俄大使任內過世的摩里爾，是讓「衰退」徵兆已然浮現的英國重振頹勢的大功臣，同時他也與坦普爾一般，尚未看到自己努力的成果展現便辭世。兼具率直個性與敏銳的情勢分析能力，又「非常自我」的摩里爾，後來也深受法國人喜愛，被譽為「打倒俾斯麥的男人」。

長年派駐德國，並深入洞察俾斯麥統治下的德國後，他表示：「德國將來必定會成為英國的敵人。」為此，他力主即使再怎麼與俄國交惡，英國也必須與俄國合作。在第一次世界大戰能促成三國同盟、包圍並最終打敗德國，背後就是摩里爾所打下的基礎。的確，後來的阿斯奎斯（Henry Asquith）內閣時代，由外交大臣愛德華．格雷（Edward Grey）所推動「因英國積弱」而生的對德包圍外交，導致了悲劇性的第一次世界大戰。但如果仿效摩里爾，拉攏俄國來緩和德法間矛盾的外交手段，或許可以避免一戰的爆發。

摩里爾的外交手腕，在妥善解決一八八五年為爭奪阿富汗造成英俄衝突的一大危機——「潘德紛爭」（the Panjdeh Crisis）中獲得了證明。即便如此，當時的維多利亞女王卻因個人對德國的偏好，而數度要求內閣將摩里爾免職，俾斯麥也運用多種謀略讓摩里爾失勢。

更重要的是，為了與當時聲勢如日中天的俾斯麥德國對抗，摩里爾在世界各地力陳必須和長期與英國對立的俄國合作。這樣的立場在世紀末的英國外交，尤其是實務路線的穩健派眼中，看來只能說是「一大異數」。但摩里爾對歷史的洞察力與難能可貴的骨氣，在他死後曾在千鈞一髮之際挽救了大英帝國的生存。

其中也包括了能夠包容摩里爾這個「異端」的首相索爾茲伯里，他所代表的英國統治階級（Establishment）展現了他們的「寬宏大量」，容納摩里爾這種在他國或許將因過於張揚而難以立足的反骨分子。

這種寬宏大量，就是英國貴族文化的最大利器。

實際上，花了數百年孕育出來的英國貴族文化，最典型的例子就是塞西爾家族的後代索爾茲伯里，站在領導國家的第一線，實是英國的一大幸運。

無論如何，一個大國要長治久安，必須具有超越「安定」、「穩健」、「妥協」等一般所需外交通則的「異端與風骨的個性（character）」，同時全國上下也必須具有能夠包容他們的「度量」。因為路易十四、拿破崙與俾斯麥的出現，大英帝國數度面臨存亡危機之際，坦普爾、哈里斯、摩里爾等「重要異端」在英國歷史上的功績，就是最好的證明。

第四章

帝國殉教者
查爾斯・戈登

「太遲了！太遲了！空虛，救出是空虛的挫敗。而現在他的生命是英國的光榮，他的死是英國的驕傲！」

——丁尼生（Alfred Tennyson），桂冠詩人

令人崇拜的高貴民族英雄

一八八五年一月二十六日，非洲內陸的沙漠。天還沒亮的凌晨，大批穿著粗布軍服的當地民兵，攻入他們已經包圍好幾個月的喀土木城，朝著英國總督（名義上是代表埃及的總督）官邸展開全面攻擊。被圍城的市民中只有一位英國白人總督，以「萬事休矣」的表情穿上白色的正式軍服，一手持劍，一手握著軍用左輪手槍（revolver），一夫當關地面對殺聲震天、不斷湧入官邸的民兵。

現存描繪此一場景的繪畫，看來是總督一派悠然，面對衝上階梯的民兵。入侵者看到總督威嚴的態度，一瞬間軟化了。下一秒，一個纏著頭布的民兵將長矛擲向總督，總督被長矛刺穿胸口，當場斃命，享年五十一歲。

維多利亞女王在日記中寫著，這位總督是「我國令人敬佩的高貴英雄」。桂冠詩人丁尼生則以格調更高的輓歌，讚頌這位總督的犧牲。

> 這位神之戰士，人類之友，獨裁者之敵，死於遙遠的蘇丹荒野。但您將永遠活在世人心中。因為您的高貴世上無人能及。

八十年後的一九六〇年代，倫敦近郊薩里郡（Surrey county）某個校園內，聳立著一座男子騎在駱駝背上的銅像。某天，一位少年在上學途中和父親一起經過這座銅像時，突然問了父親「騎在戈登背上的人是誰」這個問題。他上的那所學校叫「戈登男子中學」。答案當然不是駱駝，而是騎在駱駝上的人叫「戈登」，也就是那位悠然面對死亡的英國總督。

到了二十世紀六〇年代，英雄崇拜的傳統已褪色，「大英帝國」的記憶也已遙遠而模糊。但這座銅像直到一九五六年蘇丹獨立（也就是蘇伊士戰爭當年）前為止，都矗立在首都喀土木市中心顯眼的大道上。而坐在駱駝上的人物，當然就是「喀土木的戈登」。

儘管如此，在日本毋需贅言，即使在今日的英國，知道「喀土木的戈登」的人也越來越少。但一百多年前，在蘇丹沙漠死於非命的查爾斯·喬治·戈登（Charles George Gordon）卻是談「大英帝國」的故事時不可或缺的角色。

提起伊莉莎白一世、納爾遜將軍、邱吉爾三人，總覺得缺了一角。當然這三人作為英國史上的「偉人」當之無愧，都為「大英帝國的光榮」貢獻良多。但英國的光榮故事除了這三位外，還漏了一個不可或缺的角色。那就是在國家發展達到頂點時的某種「狂熱」，與預感之後即將步入的「衰退」時那種「寂寥」的心情，這個故事發展缺少了惆悵的這部分。

在帝國草創期，迎擊西班牙無敵艦隊的是伊莉莎白一世。邁向顛峰時，與拿破崙統治的法國一戰，祖國面臨存亡危機，以孤注一擲的勇氣「勇往直前」救了英國的是納爾遜。而在帝國已經日薄西山之際，費盡心思讓「帝國」餘暉能夠「完美落幕」的，則是邱吉爾。

然而這裡總覺得缺少了處於壯年期的「爛熟」，過了頂點準備開始走下坡，也就是表現出進入更年期之前的「焦慮」、「驕傲」這種更多采多姿的時代氛圍，和能代表這個時期的人物。一般而言，或許會以維多利亞女王來填補這個位子。

但即使維多利亞女王其他條件都具備，她卻是個與多采多姿的「戲劇化」無緣的人物。不過幸好在那個時代，有一些人代替她演出了豐富多彩的故事。而其中最為戲劇化的，就是這位「喀土木的戈登」。

「中國人」戈登

維多利亞的治世開始於一八三七年，結束於一九〇一年。在這治世後半的一八八〇年，誕生了一位鬼才歷史作家立頓·史特拉齊（Lytton Strachey）。他終其一生都在究明「維多利亞時代」的意義。

史特拉齊一方面寫下著名傳記《維多利亞女王傳》（*Queen Victoria*），同時另一本代表作

《卓越的維多利亞時代人》（*Eminent Victorians*）將「喀土木的戈登」的地位與南丁格爾並列，甚至認為他比南丁格爾偉大得多。實際上，作為一個不可或缺的配角，戈登在維多利亞時代的「不列顛治世」的地位，是南丁格爾難以比擬的。

查爾斯・喬治・戈登於一八三三年誕生在一個軍人家庭。從他的姓氏可得知，他原屬蘇格蘭的高地家族（Highlander），在重視勇猛善戰和豐沛活力的環境下成長。自幼進入伍爾威治（Woolwich）陸軍官校，畢業後分發到皇家工兵連隊（Royal Engineers）擔任軍官。二十一歲參加克里米亞戰爭，也參加了與俄軍的塞凡斯托波爾圍城戰（The Siege of Sevastopol），儘管受傷卻仍勇往直前。丁尼生有名的詩作〈巴拉克拉瓦突擊戰〉（Battle of Balaclava）就歌頌了戈登的功勳。此役後戈登獲破格拔擢，參加了俄羅斯與鄂圖曼土耳其從高加索到比薩拉比亞（Basarabia）之間的新國境重劃作業。

自此之後，戈登被派遣到歐洲以外的區域，從事情報收集與協助外國政府的勤務，這比他在正規部隊的工作還重要。在軍事交涉的第一線為英國的國家利益服務，提升了他的國際知名度。他的生涯在同時代的英國軍人中是很特別的。可說是適合稱為「大英帝國先鋒」的一個「類別」——也就是後世所稱的「殖民地形式」。

但戈登本人卻沒有一絲令人聯想到「殖民地形式」，或者「帝國官僚」的「氣息」。或許他屬於某種深沉的狂熱主義者，同時也篤信基督教，終生維持獨特的生活方式，保持清貧，貫徹著「求道者」的虔誠基督徒生涯。不僅如此，表面上看來，他與當時英國社會與輿論近乎輕薄的狂熱，以及終究走向幻滅與寂寥的時代氣氛完全相反，戈登身上展現著從靈魂深處湧出的超然氣質，他完全符合英式英語所說的「古怪反常」（eccentric）那種特殊的生活方式，正好與維多利亞時代的「俗不可耐」（snob）完全相反。

克里米亞戰爭的戰後處理告一段落後，戈登從高加索返國。很快到了一八六五年，英國與中國爆發「第二次鴉片戰爭」（亞羅號戰爭）。戈登上尉奉命前往中國，出征遠東地區。抵達後，他也親眼目睹由第八代額爾金伯爵（8th Earl of Elgin）率領駐紮北京的英法聯軍掠奪、破壞乾隆皇帝所修建的圓明園。對於終其一生並不了解「帝國主義」這個概念的戈登而言，這樣的行為是「文明」（英軍）對「野蠻」（中國或亞洲）的懲罰，或者說是「救濟」。

之後，戈登派駐中國四年，這期間他的生涯捲入了宿命的洪流。

一八五〇年起，以中國南方的反叛農民為首發動的「太平天國之亂」攻勢強勁。清朝正規軍無力抵抗。當第二次鴉片戰爭後的中英《北京條約》成立後，歐美勢力為獲得在中國新的利益，決定協助清廷鎮壓這次動亂。

一八六二年，美國將軍華爾（Frederick Townsend Ward）率領由歐美將領所指揮的非正規軍「常勝軍」鎮壓太平天國。但華爾死後，在偶然的機緣下，由戈登率領了這支軍隊。這位英國陸軍遠東派遣軍的工兵上尉被清朝授與了「提督」的頭銜。躍上世界舞台的戈登，當時年僅二十九歲。

考量當地民族的在地能量與狂熱的宗教情懷，要鎮壓以長江下游為中心、統治範圍達一萬四千平方英里、人口數千萬的「太平天國」絕非易事。但率領常勝軍獲勝的戈登，卻出乎眾人意料之外。「中國人戈登」成為一個神話，今日關於太平天國的世界史中，總會提到戈登的名字。

在戰爭中作為「文明與帝國先鋒」的戈登，有三個明顯的特徵。

第一，他是個極為膽大心細的「軍事天才」。第二，獨自投身於一大群「異教徒」（非基督徒）之中，卻能以本身的「威嚴」與精神力量，讓非歐洲世界的民眾心悅誠服他的指揮，可見他具有一種不可思議的「非凡的領導魅力」（charisma，卡里斯瑪）。

當然，他所指揮的中國人部隊也有動盪不安，險些叛變的時候，但根據紀錄，他能夠獨自面對群情激憤的數萬民兵，順利安撫他們，有如奇蹟一般。許多見過他的人，都覺得他的「卡里斯瑪」來自他銳利而深不可測的「藍眼睛」。一直到他在蘇丹沙漠死於非命前，見過他本人的人們，幾乎都覺得他具有一種不可思議的威嚴，和充滿權威感的「天生領導者」形象。

戈登的軍旅生涯中幾乎從未擔任過「指揮官」以外的位置。似乎沒有什麼比「聽從他人命令」更不適合戈登了。

而第三，就是他一生所貫徹的態度，也就是一種帶有反世俗、反權力色彩的「清貧的求道者」生活方式。實際上，在一八六四年，當常勝軍攻陷太平天國的首都南京，並徹底殲滅洪秀全的領導階層時，戈登立時在全世界聲名大噪。當時清朝打算封給他最高的官位與豐厚的獎賞，但他全都婉拒了。最後，他只帶了一面刻有他此次功績的大清朝皇帝御賜純金獎牌，在這一年年底獨自回到倫敦。

返國後，他的生活型態仍一如往常，甚至更加清嚴。儘管他在自己國家已經廣受歡迎，卻仍不太與政界或社交界打交道，而是接受了在泰晤士河口葛文森（Gravesend）要塞工程總監的閒職，工作之餘全部投入慈善活動與宗教冥想。他保持單身，收入都用於「慈善」。官拜工兵中校的薪俸絕不算少，但他卻經常兩袖清風。

某一年，蘭開夏（Lancashire）發生饑荒，在募款活動時，已經阮囊羞澀的戈登，竟然從抽屜裡拿出清朝皇帝賜給他的金牌，將上面稱頌他的功績磨掉，投入募款箱。這樣的作風直到他命喪蘇丹為止，都未曾改變。

一八八二年，為保有蘇伊士運河所有權，大英帝國以武力占領了原由鄂圖曼土耳其控制的埃及，又將觸角伸向尼羅河上游的蘇丹。當時蘇丹以伊斯蘭基本教義派的「馬赫迪宗教戰爭」已威脅到埃及南部的安全，英國政府便趁此機會派遣戈登前去「調查」。

一八八四年一月，從倫敦查令十字車站（Charing Cross station）搭上P&O汽船聯絡列車前往蘇丹的戈登，由外交大臣格倫維爾（Grenville）、陸軍總司令劍橋公爵（George William Frederick Charles, 2nd Duke of Cambridge），以及戈登的同學與多年好友嘉內德・沃爾斯利（Garnet Wolseley）參謀總長三人前往送行。看到身無分文、連懷錶都沒有的戈登，沃爾斯利偷偷將一些現金和帶有銀鎖的懷錶塞入戈登的口袋。看到這位即使沒錢卻律己甚嚴、威風凜凜的戈登少將，身為王族元帥的劍橋公爵竟不由自主地肅立，親自為戈登打開車門。

而後，目送戈登搭乘的列車離去、揮著手中絨帽久久不停的這三人，不知是否有所自覺，這就是大英帝國「從頂點下落的旅程」。

一八五一年「倫敦萬國博覽會」

若要問不列顛治世，或說維多利亞時代的「頂點」是哪一年，答案通常會是舉辦「倫敦萬國博覽會」的一八五一年。

三十五年前的一八一六年，英國在滑鐵盧郊外殲滅拿破崙的法國大軍隊（*Grande Armée*）因而聲威遠揚，加上經濟力量的優越，英國一路壯大起來，頌讚英國鼎盛時期的，就是一八五一年於倫敦召開的「萬國博覽會」。用玻璃作成的嶄新設計展品，讓觀賞民眾如癡如醉的「水晶宮」（Crystal Palace），全是為了向世界傳達英國的技術、國力與人類永續進步的信念。博覽會主辦人亨利・科爾（Sir Henry Cole）在開場演說留下了這段話：

> 要稱頌人類作為的進步，在世界的歷史紀錄上沒有什麼比這場「工業製品大博覽會」更有意義。……現在，我們偉大的英國國民，將邀請全世界所有人民，前來這場向世界展現人類文明與技術進步成果的一大盛事，共襄盛舉，同時在此保證這場盛會的成功。

這不只是一段堆疊了華麗詞句的演說，而是自信滿滿地展現了人類的進步與英國國力的恆久發展。當時英國的字典裡可說沒有「衰退」這個字眼。不過此後沒多久，英國便慢慢走向「衰退」，到了十九世紀末，「衰退」的陰影開始在英國一般人民的腦海中浮現。

倫敦萬國博覽會後的二十七年（一八七八年），身為外交官，卻一直以「動物般的直覺」感受歷史脈動的外交官摩里爾（第三章曾提及）曾表示：

當今英國的國力已然退潮，走向衰微。雖然仍有巨大鐵甲戰艦般的外表，但引擎的火已開始熄滅，如失去舵的船隻般，開始在海上漂流。

同一年，印度總督李頓伯爵（1st Earl of Lytton）也表示：「英國已開始急速失去帝國的本能與氣力。」如此的觀察可說是一種例外的敏銳，或是過於悲觀。但是我們仍應注意這些站在大英帝國體制頂端的人們在當時的看法。

再過十年，一八八八年倫敦《經濟學人》（*The Economist*）雜誌的外交專欄作家，同時也是另一雜誌《觀察者》（*Spectator*）總編的梅瑞迪斯．湯森（Meredith Townsend）也如此評論摩里爾與李頓的直覺：

姑且不論好壞，但現在英國人的心理起了很大的變化。我們已不再那麼相信自己，說起那陳舊的想法或意見時會有所遲疑，心中對於自己給自己下的指令也開始懷疑。我們已經開始無法相信我們統治他人時，在道義上的正當性，這也包括對自己的統治。

如果衰退是一種精神問題，我們觀察後世，會發現就如這些較為敏感的人所先嗅到的，英國的衰退大約是從此一時期開始。

三年後，時任加拿大總督的第十六代德比伯爵（16th Earl of Derby）更清楚地說明如下：

今日的英國無論在何種論文或討論之中，都已經看不到像一八四〇到一八五〇年代那樣自信滿滿的樂觀精神。當時大家都堅信，若持續變化下去，世界很快就會跟著改變。他們高談「然後戰爭就會消失。因為民主主義的勝利可以消滅戰爭」的想法，以及「教育可以使所有人變得明智」等信條。但現在我們已經無法再如此樂觀。這數十年的經驗改變了我們。我們學到了，並不是只要讓選舉權和教育普及，就能夠把全世界變成人間天堂。

萬國博覽會主辦人科爾的自信，和四十年後德比伯爵的看法，形成強烈對比。英國在這四十年之間，並沒有輸掉戰爭，且無論在經濟實力，或是政治、文化方面的世界影響力也沒有太大變化，那麼為何會產生這種時代意識的變化呢？

在思考「衰退」問題時，有個很大的線索逐漸浮現。

大英帝國的「折返點」

從滑鐵盧到「倫敦萬國博覽會」的三十五年，以及博覽會後到戈登去世的三十五年，就現在來看，的確前半段是「樂觀」的走向，終於達到頂點，而後半段逐漸轉向「悲觀」的時代氛圍，兩者形成強烈對比。例如在後半段的三十五年即將結束時，與「無限進步」信條深切相關的「自由貿易」論的衰退，與「佃農叛變」威脅帝國核心的愛爾蘭問題浮現，使得時代思潮開始轉為悲觀與渾沌。而促使時代氛圍產生戲劇性轉捩點，如「漩渦」般凝聚在一點的現象，大概就是「戈登之死」。

學習英國史的過程中會覺得，沒有一個時代能像一八五〇到一八八〇年代這樣，令人難以定義。

表面上的變化當然可以充分地敘述出來，但其中產生的深層意義，卻可能重大到以一世紀為單位來俯瞰也無法盡收眼底。也就是說，要重新思考這一段時期在長達數世紀的大英帝國漫長歷史河流中的地位。如此看來，這個時期可說是近代英國的「一大折返點」。

一八五〇到一八七〇年為止的二十年間，英國對外貿易無論進出口都成長了三倍。但其中也可發現英國的「國家根本」已經開始變化。

一八六八年，英國國內消費的穀物、肉類、乳製品等農產品，仍有五分之四為國產。但僅僅十年，國產的比例就驟降到五分之二。這是由於交通方式（尤其是鐵路的發展與大西洋航線船隻的加大）的大幅進步，東歐和北美的廉價農產品大舉傾銷所致。再加上其他一些重要原因，使得不僅是社會深層結構，人們對時代的觀感也跟著產生變化。

一八七〇年代之後，關於經濟壁壘的討論急速展開。會出現這種結果，是由於糧食仰賴進口的比例迅速提高，導致對外投資快速成長，也讓產業界對自身競爭力感到不安，各種原因綜合起來所導致。一八五〇年，英國對外投資總額僅三億英鎊，一八七〇年代則已達到九億英鎊。

同時更重要的意義在於，一八五〇年代的投資對象是歐洲、北美、加拿大及澳洲等，以促進市場經濟結構的方式進行。一八七〇年代後則轉變為對埃及、鄂圖曼土耳其、波斯等以政府國債等帶有政治性的投資。

一八五〇年代，英國在克里米亞戰爭與俄國戰鬥時，俄國政府為籌措經費，打算向倫敦市場舉債，當時英國政府避免介入，而讓一切委由「市場理論」決定，默許俄國政府向倫敦市場籌措軍事費用。當時的英國實踐了二十世紀所難以想像、徹底的「市場至上主義」。

但對於曾經體驗過此種「自由經濟」的國家而言，當農產品仰賴海外比例提升，對外投資也需要保護時，對自身產業競爭力的不安也將加深。當這些現象接踵而來時，對原先自由主義世界觀的不安與矛盾，將會給予對外政策好幾倍的壓力，這自然會為社會氛圍帶來微妙而深刻的變化。

當然，過去對於說明十九世紀末英國「帝國主義」現象的論述早已存在，但問題在於即使具有以上的重要背景，單憑這些也無法改變歷史的走向。因此那個「點火者」，也就是決定時代精神轉換的關鍵，在「歷史發生之前」啟動的關鍵是不可或缺的。而英國則總有具強烈個性的人物成為這個關鍵。「喀土木的戈登」就是這樣一號關鍵性人物。

未被「救出」的總督

英國在走向世紀末的一八八〇年代時，面臨了「更年期焦慮」。使這個年代「焦慮不安」的決定性影響，一個是關於愛爾蘭自治的大爭論，另一個是英軍占領埃及。

愛爾蘭是英國自十二世紀以來最古老的殖民地。結果這「最後的殖民地」上的北愛爾蘭問題一直未見解決，可說有如「英國史的詛咒」一般，是歷史上不光彩的一頁。

愛爾蘭問題在某種意義上充滿了讓英國人「狂亂」的因素。一觸碰到這個問題，就會讓英國社會最根本的國家觀與認同一分為二，至今或許仍是如此。

一八八〇年四月上任的自由黨格萊斯頓（William Ewart Gladstone）內閣曾提出「愛爾蘭自治法案」（Ireland Home Rule）。如文字所述，這從根本上撼動了英國人的國家觀，造成了「世紀大爭論」。如果連大約與牛津大學創校同時（十二世紀末）獲得的殖民地愛爾蘭都得放棄，那麼印度、蘇伊士、甚至馬爾他或直布羅陀等都該脫離英國，如此一來，英國還剩下什麼呢？想到這樣的英國，應該會令人憂心不已。恐怕連想像這種事情都是第一次。這個事件似乎就象徵大英帝國面臨了「更年期焦慮」的循環。

因此，在想要逃離「愛爾蘭陰影」的英國人之中，有一部分就轉為對埃及、蘇丹的「狂熱」。而對此種心態理解最透徹的，就是戈登。

在查令十字車站送別戈登的三位高官並未發現，戈登是賭上性命也要將埃及、蘇丹納入大英帝國——也就是戈登心中的文明世界。在月台上將自己的銀製懷錶塞入戈登口袋的沃爾斯利，兩年前才親自率領遠征軍占領埃及，如今不知道該如何處理原為埃及保護國的蘇丹這次的叛亂。這正是處於「更年期」的猶疑，也可能是左右站在世紀末這個分歧點的大英帝國往後命運的關鍵所在。

當時他們只知道，一個人孤軍奮鬥的戈登如果撤出蘇丹，就必須同時撤出非正當占領的埃及，那麼就難以保住蘇伊士運河。至於保有印度，則直接關乎帝國的命運。

面對當時蘇丹的「馬赫迪主義」，即當地民眾的伊斯蘭基本教義派抗爭行動，格萊斯頓內閣原先是為了「撤出」蘇丹才派戈登前去。然而戈登到了喀土木之後，卻沒有「撤出」，而是單槍匹馬闖入已被反抗民兵包圍的英軍陣中。當民兵人數增多、包圍喀土木的消息傳回英國時，立刻使得英國輿論沸騰。許多英國人民高喊著「拯救戈登」。然後就如戈登所預測的，那口號成了「不要放棄埃及！掌握蘇伊士！」，又與「愛爾蘭永遠屬於英國」的主張合而為一，使得大英帝國就此投入一去不復返的歷史激流中。

貫徹「小英國主義」的格萊斯頓首相頑抗著這股聲浪，並且如戈登所預測，終於抵擋不住國內輿論壓力，而同意派遣由沃爾斯利率領的大軍前去「拯救戈登」。而派兵拯救戈登，也就加強了給英國政府施加壓力的「保住蘇丹」，同時連結了「保住愛爾蘭」這個對於國內政治的暗喻。在歷史趨勢的潛意識上，越來越多英國人難以接受自己淪於守勢，也意味著「我們絕不放手」的情緒高漲到壓過了正當性。

以格萊斯頓這位古典自由主義派為代表的「進步」、「樂觀」世代，終於彈盡援絕，而捲入了世紀末的狂亂中。

但由於格萊斯頓猶豫不決，嚴重拖延了派兵時機，因此當沃爾斯利率領的軍隊到達喀土木時，已經是戈登遇害的三天後了。

儘管戈登沒能「獲救」，但戈登還是獲勝了。對戈登而言，「帝國殉教者」永恆的生命不僅在天上，也永遠活在世間。對他而言，這是對神的奉獻，也是文明與人類的使命。

戈登的死訊讓整個英國籠罩在悲傷之中，因此丁尼生留下了這樣的詩篇：「太遲了！太遲了！空虛，救出是空虛的挫敗。而現在他的生命是英國的光榮，他的死是英國的驕傲！」

對英國而言，如今已是無論如何都無法放棄埃及。格萊斯頓政權也被逼到絕境，十九世紀的古典自由主義與理想主義時代，已永遠終結。

戈登死後十三年，一八九八年，年輕時曾參加沃爾斯利遠征蘇丹拯救戈登部隊的霍雷肖・基奇納（Horatio Kitchener）所指揮的「蘇丹攻略軍」從埃及出發，沿著尼羅河進攻，到了喀土木郊外的恩圖曼（Omdurman）將伊斯蘭（馬赫迪）反抗軍完全殲滅。對英國而言，這次總算是「雪恥」了。但這「為戈登復仇」的行動，不僅得攻擊馬赫迪民兵，更與計畫從西非方向東揮軍攻向蘇丹法紹達的法軍短兵相接。基奇納趁勝追擊，在兩個月後以其「威力」驅逐了法紹達的法軍，在英法兩國的國力競賽（法紹達危機）中大獲全勝。

但僅僅數個月後，南非就傳來了波爾戰爭爆發的消息。這場戰爭使得對「帝國」的狂熱急速幻滅，轉趨黯淡。

「喀土木的戈登」將帝國與文明的使命混為一談，以及意識到「衰退」狀況而陷入「急躁」

狀態，兩者給予了英國很大的教訓。這是一個「統治力」開始衰退的帝國，國民的「傷感戰線」開始擴大的一個古老的例子。而後來，大英帝國也的確走上衰退之路。

第五章

「自由貿易」的束縛

「幾年前還被認為無庸置疑、適用於任何時代的（自由貿易）原則，現在卻開始被公然批判。」

——路易斯・約翰・詹寧斯（Louis John Jennings）

被逼上絕境的霸權國家

探究大英帝國偉大的根源來自何處，也是探究大英帝國衰退的原因何在。脫離長期鎖國後的明治日本，為了尋找新國家建設的範本，在明治四年（一八七一年）發生了前所未有的事，那就是國家領導者們相偕出國，前往歐美積極考察。而這個「岩倉使節團」，以他們分外敏銳的嗅覺發現了「歷史的秘密」。根據他們的報告書《特命全權大使美歐回覽實記》，他們在以下的「英國作為」之中發現了國力的泉源，也是建設富強國家的關鍵所在。

> 英國是個商業國家。國民一同為世界貿易貢獻心力。故船舶遍及五大洋，購買各地自然資源運送回國，借助鐵炭之力製成工業產品，再銷往世界各國。

的確，明治日本在軍隊組織、政治制度與教育理念上未必完全以英國為本。但報告書已提出要從英國尋找國家生存與強化的關鍵，各種制度都只是實現國家強大的手段，看來明治日本的領導者們已經領悟到以大英帝國為模範的精髓所在。也就是說，要排除多餘的雜質，奠定建國的策略主軸。包括岩倉具視在內，使節團一行人在「英國作為」中直接掌握了「富強的秘密」。

但這樣的認識並非僅限於明治日本，歐洲各主要國家包含美國在內，早在十九世紀中葉就達成了這股共識。但實現的方式，則依各國本身的立場來建構出獨有的策略。

在這層意義上，英國可說已逐漸被「逼上絕境」。但這個被「逼上絕境」的霸權國家，該如何保住領先地位呢？

換句話說，一旦使國家富強的「歷史關鍵」已被公諸於世，而逐漸被「逼上絕境」的大英帝國，還有什麼選擇呢？而各國的領導者又是如何認識大英帝國？

如前述《回覽實記》中所記載英國的「世界工廠」地位，在岩倉訪英時，其實已經江河日下。此後英國的競爭力雖有幾度出現「復甦」或「重生」的徵兆，但直到二十世紀中葉真正走向「結束」為止，英國的「世界工廠」地位從未真正重生過。

實際上，從工業生產力，特別是從產業競爭力來看，一八七〇年代的英國已經「開始走向終點」，今日從許多統計數字來看即可一目瞭然。但比這個事實更重要的是，在這個「開始走向終點」的時期，包括領導人在內的許多英國人是如何解釋，又是以何種想法去討論因應對策等等。

當時的英國人關於「衰退」——後世的人所認為——的主要討論焦點，在於對「自由貿易」的看法。

對於「衰退」的危機感和「自由貿易」的爭論似乎有著某種關聯，有時伴隨著令所有人一目瞭然的必然關聯性，讓情況戲劇性地急轉直下，一八八〇年代的英國就鮮明地呈現了這番光景。

在英國中部曼徹斯特市中心廣場，有一座被煤煙燻黑的紅磚建築。這幢名叫「自由貿易廳」（Free Treat Hall）的建築建於一八四三年（其後於一八五六年改建）。作為「自由貿易的殿堂」，這棟建築記錄了光榮與悲慘的歷史。一八四〇年代，推動「自由貿易」的穀物法廢除運動在此地風起雲湧之際，理查・科布登（Richard Cobden）那場歷史性的演說，就在這個會館舉行。

但隨著十九世紀末的來臨，這個「自由貿易的殿堂」不僅在表面上，其理念象徵也開始逐漸褪色。原先工業生產力大幅躍進而興盛的經濟大國，在此榮景中採用了「自由貿易」，然而一旦之後競爭力不再，那該如何應對一直以來的「自由貿易」政策？「衰退」與「自由貿易」的關係，對近代的「大國作為」而言，具有某種普遍性的意涵。

在這一點上，英國的例子至今仍能給我們許多啟示，因此耐人尋味。當國民理解國家所採行的「自由貿易」對母國產業的存續與未來的國力未必有利時，作為一個對維持世界經濟與國際秩序安定的責任有所自覺的大國，將陷入深刻的矛盾。

而且，對於一個國家利益結構較當初訂定「自由貿易」國策時複雜得多的大國而言，也將得承受顧及整體國家利益的強大壓力。例如當製造業競爭力低落時，就對工業採取保護主義，金融、服務（許多英國人依然認為「City」是英國經濟的「生命線」）則仍繼續採取自由開放，這種「只挑柿子軟的吃」的方式是不可行的。

對於過去自豪於「自由主義」意識形態，公開宣揚信念的知識分子或政治人物而言，只因為「狀況」變化就必須收起他們理念的「旗幟」，此舉將關乎他們的可信賴度與一貫性，在道義上是極為痛苦的抉擇。因此他們發明了許多修辭及中立的「理論」，同時偏向保護主義，使他們在結果上看似產生了某種新的，以及為增加「開放性」而採取的「新路線」論點，並開始流傳。一八八〇年代的英國便在此種意圖下產生了諸如「公平貿易」（fair treat）以及「互惠主義」（reciprocity）等口號與用語，開始常掛在人們嘴上。

但在談「自由貿易」與「衰退」的問題之前，首先必須談一個直到近年都常被人提起的問題。

想回歸「田園」的英國人

在過去經常可見的「英國衰亡論」中，有幾個有力的論點一直延續至今。但略加思考，有些理由似乎說不太通。其中具代表性的論點是興盛的原動力，也就是推動產業革命的工業家——未必是經營者，而是「創業家」（entrepreneur）——在事業成功後買下鄉村土地，成為地主，而「回歸」非生產階級，失去身為產業革新者的活力，導致英國產業喪失競爭力。甚至有說法認為，這就是「英國衰退」的根本主因。[1]

在各式各樣的「英國衰退論」之中，這是最受歡迎的一個論點。恐怕今日的日本人之中許多也抱持這種論調，或是將此認定更立體化的「英國衰退」形象，影響深遠。但在此必須提出的是，其中包含了兩個根本問題。

第一點跟知識社會學有關，在盎格魯－撒克遜民族的世界中，「階級」觀念根深蒂固。我們不可忘記，在這種對「地主紳士」的批判聲音背後，經常潛藏著歷史學者（甚至包括歷史的讀者）對英國「階級社會」現實狀況的「妒恨」（resentment）。也就是說，社會大眾發覺國家衰退時，對於「地主紳士」，以及作為「近代」象徵的上層中產階級（Upper Middle Class）等國家領導階層，有一種「國家如此，孰令致之」的幻滅感，以及因階級差異而來的敵意，最後投射出了知識上的「英國衰退論」。[2]

當然，這種階級矛盾的情結並非僅見於英國人，也與包括美國人、加拿大人、澳洲人等屬於盎格魯－撒克遜文化圈知識分子對英國的矛盾情結而發生的反英，即反紳士情緒相關。而對他們而言，維多利亞時代的大英帝國卻又是如此「近在眼前」的時代。

第二，而且是更重要的一點，則是「成功者變為地主紳士」這個現象。從中世紀以來，甚至可能從英國開國以來，就是英國社會的一個基本現象。成功的官僚、軍人、商人、作家和工業家，幾乎都嚮往著「田園」。在英國總認為「在鄉下擁有土地」最能象徵人生的成功。甚至在英國史上，幾乎每個時代的「成功者」在鄉下購地而「成為地主」，才是推動英國歷史——不是向後，而是向前——的根本力量之一。也就是說，「成為地主的意願」在興盛期的大英帝國也是發展的一大原動力。

的確，從十九世紀到二十世紀，英國將資本以人為方式從工業部門移轉到缺乏效率的農業，這個狀況可以當作一個純經濟理論問題，來探討「衰退」現象。但若以更長遠的眼光來看，正因為這些「暴發户」無視市場原則，不斷在農業上投入資金，才能挽救十九世紀中葉因廢除穀物法而導致競爭力衰退、到一八七〇年代甚至瀕臨崩潰危機的英國農業，直到二十世紀發生兩次大戰、國家面臨危機時，仍能勉強維持最基本的糧食自給率。

如果在大戰或國家面臨其他危機時，英國的糧食自給率再稍微低一些的話，英國恐怕就不只是「衰退」，而可能走向更慘重的「滅亡」。例如在德國實施「無限制潛艇戰」，潛入英國港灣不斷將英國船隻擊沉的一九一七年春季（至夏季），就出現了類似的佐證情形（崩毀，也就是英國的社會崩毀與對德投降）。

除此之外，大量的產業負責人轉為地主，對於維持英國國力（例如地方制度的近代化，以及對各地步兵部隊的編成與管理等軍事措施）貢獻也非常大。

也就是說，英國人無論是軍人或學者、工業鉅子，在社會上若獲得成功，便到鄉下成為地主，這幾乎可說是英國國民文化的精髓。認為在國民文化上保有「自我」（identity）就是「衰退」因素的說法，恐怕並不能解釋「衰退」的真正原因，而只是較為陳腐的文化決定論。至少這並不是具有嶄新意義的衰退原因論。

但別忘了，被認為是「英國衰退」一大主因的長期貿易赤字，確實是由於開放農業市場進口的大量糧食所導致。雖然海運收入與對外投資的利息收入使整體收支勉強不淪入赤字，但大量進口糧食所導致的經常性貿易赤字與「衰退」的關聯性，比過去經濟史中所記載的要大得多。

今天的我們，再次聽到了「貿易盈餘是保持下一代競爭力（competitive edgy）的關鍵」這個現代美國經濟學家所主張的「最新理論」，而我們將更能理解「英國衰退」與經常性的貿易赤字——以及大量糧食進口帶來的經常性赤字——的關聯性。此外，在高呼「自由貿易」的時代，糧食自給率持續探底的危險，不只是涉及「糧食壁壘」的範疇，更是攸關國家存亡的問題。

當自由貿易帶來衰退

若說「自由貿易」會導致大國衰退，或加速衰退，恐怕是很有問題的。況且討論此點，也偏離了衰亡論的主軸。在現在的日本，無論以「自由貿易」的理念，或純粹以「國力」來看，都仍處於努力追求「開放」的階段。因此這種「從A一下子跳到C」的論調，是很有問題的。

但如果我們排除一些帶給我們先入為主觀點的通說，來思考「歷史上英國的衰退」（或者以今日美國所逐漸轉向的貿易政策為背景），那麼「自由貿易」與「大國衰退」的關聯性，在學術上是具有重要意義的。在考察此一問題時，首先要了解的是，英國（甚至美國亦復如此）並未因採用「自由貿易」制度而掌握經濟霸權。

就當時的國際標準看來，採取濃厚保護主義色彩關稅政策的一八二〇年代英國（美國則直到一九三〇年代為止）建立了經濟霸權，由於工業生產力急速擴大，故必須尋求海外市場，才以堪稱例外的「自由貿易」名義，要求海外市場開放，例如一八六〇年與法國締結的《科布登—

舍瓦利耶英法通商條約》（*Cobden-Chevalier Treaty*）即其中一例。這一點在英國之後的經濟大國也同樣比照處理。但此後的所謂「經濟大國」即使有些時間差，但經常性貿易收支仍紛紛走向赤字，同時也造成國內各種利益結構急速地固定化，因既得利益或世代交替等理由導致社會活力的變調，以及政治意識的變化，或許這也與「衰退」的初期徵兆相似。而到了一八八〇年代，英國關於「自由貿易」的長期爭論終於浮上檯面。

路易斯・約翰・詹寧斯於一八三六年生於英國東部的諾弗克，二十多歲時就擔任當時已是英國代表性報紙的《泰晤士報》印度特派員，一八九三年在《紐約先驅報》（*New York Herald*）的倫敦特派員任內去世。他是當時盎格魯－撒克遜世界廣為人知的記者。南北戰爭後擔任《泰晤士報》駐美特派員的他，與美國女性結婚並定居紐約，後來成為《紐約泰晤士報》主編，引領批判當時腐敗至極的紐約市政所謂的「坦慕尼協會」（Tammany Hall）風潮，成為美國史上劃時代的「文筆勝利」代表人物。年過四十才回到英國的詹寧斯（這種例子在當時的「大西洋社會」並不罕見，較今日的西歐更為無國界），對照興盛的美國與「因自由貿易產生劇變」的祖國英國，強烈對比使他大為震驚。

詹寧斯投稿到《評論季刊》（*Quarterly Review*）雜誌一八八一年七月號的文章〈英國貿易與國際競爭〉中，從以下這一節揭開了爭論的序幕：

今日，英國的現狀與討論將來的方式產生了重大變化。過去（英國人）對將來的強烈樂觀與自信幾乎消失無蹤。美國總有一天將取代英國的經濟霸權。如今逐漸證實了格萊斯頓的這種預測。

當時英國論壇上討論最為頻繁的話題並非選舉法修正，也不是（當時開始浮現危機的）愛爾蘭問題。而是應當採取「自由貿易」與否的討論。但詹寧斯又指出，當時的討論中逐漸頻繁出現的關鍵詞是「公平貿易」、「互惠主義」與「制裁」等等。實際上，第一次出現對英國產業競爭力持悲觀看法的評論，是一八七四年，也就是在十九世紀末的二十年間讓世界天翻地覆的「長期蕭條」（Long Depression，當時稱作大蕭條〔Great Depression〕）開始的那一年。

但一開始，英國的主流論調對於產業經營者的不安，只是重複著「完全不需擔心」的說法。《泰晤士報》到了一八七九年仍有以下的說法：「即使真的開始陷入不景氣，一定會自動產生出一個因應對策。也就是人口增加（使工資降低而恢復競爭力）。」（《泰晤士報》一八七九年一月十七日），那時仍然重複著馬爾薩斯、李嘉圖風格的自由貿易論。

但從一八八〇年開始，經濟學家（在十九世紀的英國用語中，「經濟學家」〔economist〕一詞所指的是從李嘉圖以來，基於特定理論支持自由貿易的學者或社會運動家）與曼徹斯特派的信心開始動搖了。詹寧斯對這些變化的見證如下：

幾年前還被認為無庸置疑、適用於任何時代的（自由貿易）原則，現在卻開始被公然批判。甚至也有人開始懷疑，我們所慣稱的「自由貿易」，究竟是否仍與一八四六年（穀物法廢除當年）相同？是否符合於現實狀況？

一八八一年春季，北英格蘭各地為抗議法國等海外各國的封閉貿易政策，數度發生聚集人數多達萬餘人的示威抗議事件。一八六〇年代歐陸各國與美國一度降到史無前例的低關稅，到了一八八〇年前後則又逐漸傾向保護主義。考量到當時的狀況，人們對於英國長期以來所實施的是否為「單方面自由貿易」的質疑日漸增強。逐漸朝向進步派立場的各大報對於正統派自由貿易主義必須修正的相關討論也逐漸出現，並相當明確。《泰晤士報》上亦可見到這樣的感嘆：「現在，（為擴張而奮鬥至今的）自由貿易恐怕必須從頭開始。」（一八八一年五月二十日）

一生大多數時間皆為亞當·史密斯、李嘉圖信徒的自由主義政治家代表格萊斯頓亦表示：「我們已經無法接受外國製品在我國市場占有非自然優勢的現行制度。平等（即互惠主義）才是我們應該信奉的原則。有人說即便如此還是這個（自由貿易）體系較佳，因為如此英國消費者可買到較便宜的物品。但我認為這種建築在根本性不平等與不正義之上的享受，無論獲得多少利益，都不會真正對消費者有利。」（引用前述詹寧斯論文）這種極富格萊斯頓個人風格、從「正義」來討論「利益」的方式，由內而外都可明確感受到他的自由貿易主義出現了轉向。

實際上，由於一八七〇年代各國保護主義的興起，英國的出口呈現大幅減少的態勢，不過十年的光景，對德國的出口額就減少了百分之二十八，對荷蘭減少了百分之三十六，對美國則減少百分之二十八。一八七〇年，作為英國重點發展產業的棉製品對美國的出口量曾達到兩百六十五萬磅，但一八七六年就減半為一百二十八萬磅，一八八〇年雖是經濟學家稱為「紀錄性復甦」的一年，但也只是暫時回升到一百七十五萬磅，隨後便持續下滑。對德國的棉製品出口量變化更為戲劇性，一八七二年的出口額約高達六百萬英鎊，但一八八〇年就驟降到一百五十萬英鎊。同一期間，對荷蘭出口也從四百七十五萬英鎊降到兩百五十萬英鎊。而對於並非外國的殖民地印度，棉製品出口額則從一千三百萬英鎊大增至兩千萬英鎊。

即便如此，這段期間的變化實在太過劇烈。「經濟大國的衰退」這個普遍的矛盾，英國成為第一個案例。即使考慮「長期蕭條」的影響，至少也充分表示英國已走入「窮途末路」，失去了經濟霸權。

唯一選擇是「開放性的封鎖」

因此，許多原本主張「放棄殖民地」、「小英國主義」的曼徹斯特派與自由主義派逐漸開始「重新思考」（think twice）。

對當時的英國而言，「迎頭趕上」的國家大幅增加，逐漸進入一個「大競爭」時代。而「自由貿易」在「大競爭」時代將面臨無可避免的轉變。實際上，英國人聽到「殖民地」或「帝國」等概念時，最初聯想到的是「印度」作為市場的重要性。一直要到此時期，這些概念才真正為英國人民所認識，接著由此連結到典型的「帝國主義」論。

關於「帝國主義」的討論或許已令人厭煩，但那些討論其實都只是從二十世紀所關心的事物去套用罷了。包括兩次大戰的原因，究竟是出於「資本主義國家間的戰爭」，或者「帝國主義」才是元兇？也有說法認為「帝國主義」是國內階級鬥爭擴大到國際的結果等等，以上種種都是二十世紀的社會主義革命觀點。而在告別二十世紀後的今日，再以這種如上個世紀遺物般的觀點來探討「帝國主義論」，只能說是相當過時的。

在二十一世紀的今日再度浮上檯面的是，對於十九世紀末被稱為「帝國主義」的動態，以另一種觀點來看，當時也可說正面臨世界規模的「大競爭」時代。一個原為經濟大國的國家首次感受到「窮途末路」，自然無可避免地試圖採取「鎖國」或「區域整合」策略。我們可從中發現這種概念所具有的普遍性。

當然，這種封鎖與一九三〇年代，或二十世紀的「鎖國」概念有所不同，其中包括了各種的「粉飾」在內。乍看之下強調了「鎖國」或保護主義所看不到的新機制。但「大競爭時代」的終結，若僅以歷史的前例來看，的確可從某些封鎖措施中得見。例如一九〇三年，由著名殖民大臣約瑟夫・張伯倫所提出，將大英帝國全部版圖設為制度化的「特惠關稅區域」構想，就是一種嘗試「創新」的「鎖國」作法。但張伯倫的排他構想在一九〇六年大選中慘敗而受挫，真正的實現——也就是英國「自由貿易」的「真正終結」——要等到一九三二年的渥太華協議之後。

儘管英國在十九世紀末到二十世紀初曾發生大規模的爭論，但自由貿易持續到一九三〇年代是不爭的事實。即便如此，當時普遍認為「維持自由貿易需要一些『封鎖』」，成為對自由貿易的一種諷刺。

到了十九世紀末，英國擺脫過去的搖擺不定，猛然朝向「擴大帝國」的方向發展，一方面是由於金融利害關係以及必須維持自由貿易的現實狀況，為了使競爭力低落的母國產業能夠「重生」，因此大英帝國圈已無可避免，必須走上「開放性封鎖」的道路。但這絕非「張伯倫構想」，或是之後的渥太華協議那樣，明確建立出一個「封閉空間」。除非出現像一九三〇年代經濟大蕭條這樣的危機，不然英國不太可能做出完全封閉的抉擇。但若以或然率來看，在一八八〇年代，以及一九〇三至一九〇六年這三年「張伯倫構想」浮現的年代，英國脫離自由貿易的可能性確實極高。

能夠勉強控制住脫離自由貿易趨勢的，是英國金融中心「City」對政界的影響力，以及結合新登場的英國型社會主義理念的工會運動。前者是開放體制攸關自身利益的倫敦金融界，以純粹經濟利益的立場出發；後者則表達「（脫離自由貿易）只是為了資產階級的方便，不要剝奪我們的便宜麵包」這個訴求，呈現出勞動大眾對階級關係的不信任感與敵意。因此我們可知，在一九〇六年大選，往後是否應採取保護主義成為有力爭執點，勞動階級的聲音使當時有意推動保護主義的張伯倫保守黨政權大敗，成為決定選情的關鍵。同時也可發現，英國存在著「有便宜麵包吃比工作重要」這種特有的大眾意識，背後則是「社會保障」制度的逐漸成形。也就是說，一邊維持自由貿易的同時，也要求一個「大政府」。對英國這個經濟大國的衰退來說，這樣的說法毋寧是一種「滑坡謬誤」（slippery slope）。

還有，我們更可從中窺見經濟原則與政治力學的諷刺性關聯。讓政府機能肥大化，充實社會保障制度就是維護自由貿易體制，這歷史上的諷刺現象值得現代人更多的關注。如果奉行所謂「去除福利」的「市場主義」，甚至可能掏空原先支撐自由貿易體制的政治基礎。再說了，國家本來很難維持無法保障工作的開放體制。至少，若先進國家仍維持二十世紀前期那般薄弱的社會保障制度，一九五〇年代以後的自由貿易體制恐怕將無以為繼。考量這點，或許可反過來說，正是因為有「大政府」的存在，「自由貿易」才得以維持。

無論如何，一個已經呈現陰影的經濟大國要維持「自由貿易」，在「大競爭」時代圖存，或許就只剩下建立一個「（號稱）開放的封鎖」這個選擇。然而這個選擇，也就是仍舊保有自由貿易的名義，但藉由經濟、政治與軍事統合手段，試圖確保既往「相對優勢」的選擇，也將可能釀成「帝國的衰退」。

對一個擁有國際秩序霸權的世界大國而言，即使競爭力出現衰退，但因為在過去被視為邊境的地區較容易取得控制權，讓這個霸權得以保持帝國威望，看起來依然維持相對優勢。然而，這卻使帝國必須負擔超出預期的政治管理及軍事成本。同時，既然要營造的是貿易政策上的「開放性」封鎖，那麼一個衰退的霸權大國在與其他封鎖政權對抗時，為了建立對自身有利的封鎖秩序，即使明知擴大封鎖需負擔對應的龐大成本，仍會視情況利用本身的政治及軍事手段達成目的。或許這就是「大國的誘惑」的真正核心。

直至一八八〇年代的第一次波爾戰爭為止，在看待英國「擴張帝國的衝動」時，絕不能忽略此一要素。

如此，英國遲早都得面臨「帝國的過度擴大」。

但筆者認為衰退的根源非如保羅・甘迺迪所認為的，在於擴大版圖所帶來的軍事規模負擔增加（《霸權興衰史》），而是源於為維持自由貿易，而動用政治影響力來確保有利的「開放性封鎖」這種「霸權大國的生存（survival）矛盾」。

因此，問題就不在於是否維持保羅・甘迺迪所提出的軍事規模。對於一個意圖以政治及軍事影響力所形成的「綜合秩序」這個國策上的相對優勢來促進經濟競爭力「再生」的霸權大國而言，有時會遇到這種唯一選項。或許可以說，正是因為擔心若為減輕軍事及政治負擔而縮減帝國規模將造成經濟存亡危機，才導致了「帝國的過度擴大」。也就是說，近代的經濟大國要蛻變成綜合性的霸權大國，要完全脫離自由貿易主義幾乎是不可能的；但同時，因此而維持的自由貿易，也無可避免地造成「帝國的過度擴大」。

當然，一方面如此將形成保羅・甘迺迪所提出的傳統式「帝國的疲弊」。但另一方面，如此也會激化全球性的「大競爭時代」。因為無論規模大小，若要維持自由貿易，「開放性封鎖」這個外界認為只要稍加努力便可加入並獲利的「低門檻」，一旦他國輕易跨過了，開發中國家掌握了這個「富強之道」的「歷史秘訣」，也必將更努力急起直追。

另外，如我們在一八九〇年代到二十世紀初的中東、印度和東亞國家所見到的，意識到即將面臨長期衰退的大國，為了「維護經濟利益」，便會基於利己而直接的目的動用軍事力量。大國越是展現其「本能」，越是使得他國從根本質疑起「霸權正當性」與保有殖民地的「統治正當性」。

至此，「帝國」霸權失去道義上的正當性，對周邊各國的政治、文化感化力量大幅下降，同時也使得「帝國」母國的國民（metropolitan）喪失對維持世界秩序的關心。

的確，在實際的歷史發展過程，二十世紀初的英國以英日同盟、英法協議、英俄協商等形式，將世界各地區交由他國代管，看似進入了「退場程序」。但英國的退場程序遇到如第一次世界大戰的「突發狀況」，與其說是中斷，不如說在大戰後，人為的「過度擴大」更為浮上檯面，使國內外對「霸權正當性」的疑慮再度升高。一戰本身確實大幅加速了英國的衰退。但若以更長遠眼光來看，正是因為帝國正當性的喪失與國內外疑慮的加深，才使得英國「開始走向終結」，並且加速走下坡。

自由貿易的原理，原本在於擴張全世界的財富，因此嘉惠全人類，這份初衷毋庸置疑。但是它卻與一個「窮途末路的帝國」的「衰退」問題相結合，成為一個難解矛盾的源頭。「自由貿易」原本象徵著霸權帝國的偉大，卻同時轉化為「一大束縛」，也就是「帝國的業障」。

第六章

波爾戰爭的挫敗

「遲早，為了我們帝國的安全與榮譽，以及我們民族的福祉，與波爾人的這場正義之戰無可避免。」

——溫斯頓・邱吉爾

支持帝國的領導階層

大國衰退時，必然伴隨精神上的萎靡。二十世紀英國的古典學者巨擘吉爾伯特・莫瑞（Gilbert Murray）便極力主張希臘、羅馬文明衰退的核心問題，在於「氣力喪失」。四百年前，誕生於威尼斯衰退期的歷史學家喬萬尼・博泰羅（Giovanni Botero）則有更透徹的看法如下：

> 使一個偉大國家毀滅的絕非外在因素。招致毀滅最重要的在於人心，以及反映國民心理的社會風潮。

但如果衰退的關鍵來自於「人心」，也就是精神上的活力枯竭，那麼具體而言，是「誰」的心，是什麼樣的人們心中「氣力喪失」造成了衰退？

終歸一句，這就是指全體國民的精神狀況。但若從國家本身就是一個具有「意志」的有機體這個特徵來看，那麼這個精神狀況應該還是指國家的心臟，也就是領導階層（governing elite）。該階層或核心集團的精神活力與國運密切相關。綜觀所有帝國的歷史來探究大英帝國衰退的主因，我們似乎找到了特別重要的關鍵。

伊波利特·泰納（Hippolyte Taine）是十九世紀法國最優秀的其中一位歷史學家。他曾於一八六〇年代觀察英國，以驚嘆的筆調寫下他所感受到當時英國領導階層（governing class）極為頑強的精神活力。實際上，過去數個世紀以來領導英國的貴族階級的活力與自信相當驚人，因此國民堅定地信賴他們的領導者。泰納對於推動廢除穀物法，以及選舉法修正運動，使英國政治開創新局，朝向民主化邁進的科布登派某個激進型的領導者有以下的看法：

> 打倒貴族階級並非我們的目的。我們深知國家的統治與領導必須交給他們。因為負責國家營運的工作必須由特別的人擔任，也就是天生具有領導者特質，好幾世代以來一直接受領導者訓練，能夠抵抗外來壓力與利己的誘惑，自立自強不依靠他人，我們中產階級認為必須由這樣的人來領導。[1]

在任何時代，任何國家，都有領導國家的菁英階層存在。

每一個繁榮的大國，都會有雄才大略的菁英階層，以及民眾對領導者堅不可摧的信賴感。

而支撐大英帝國的貴族們的能力與財富，以及他們所擁有的自信與活力也有目共睹。這就是所謂的「貴族義務」（noblesse oblige，格言：高貴的人們有為國民服務的義務）。這是不言而喻的一種強大的自信與活力。

其實這句格言是美國人發明的，呈現出那已經不再因為出身背景而具有統治義務與特權的時代，具有美國風土所特有，對「菁英主義」的保留與猶疑。近代的英國貴族並不需要特別用那樣華麗的詞藻來強調統治特權與義務，因為他們有卓越的能力和堅強的精神作為後盾。

在大英帝國鼎盛期，一八五〇年代數度擔任歷代內閣外交大臣的克拉倫登（Clarendon）伯爵，擔任外交大臣時已年近六十，每天工作十六小時，持續五年多。當時的英國官員幾乎都沒有所謂的秘書，所以必須每週親自起草幾百條訓令，外交大臣每天要花六個半小時接見各界人士。面對擔心他健康的女兒，克拉倫登伯爵總是得意地說：「外交工作才是我最好的運動。」[2]

從伯爵的回答可以得知，對他而言，這遠遠不只是義務而已。當克拉倫登在外交部大臣辦公室努力工作時，年輕的德布林（Dublin）侯爵從伊頓公學考上最高學府牛津大學基督堂學院（Christ Church College）並以優異成績畢業，二十多歲時便參加克里米亞戰爭的和談會議，同時又多次搭遊艇前往冰島、斯匹茲卑爾根島等北極圈附近探險。不知哪一項才是他的「興趣」。德布林後來歷任加拿大總督、駐俄羅斯大使，並利用公務之暇從事研究，獲得牛津大學法學博士後又擔任印度總督。到了六十九歲，在駐巴黎大使任內，他仍從事泰國與法屬印度支那（今越南）之間的高難度交涉工作。當時的日記裡記錄了他最關心的事：

> 今年又讀了十幾本希臘文原文的亞里斯多德作品。剛開始學波斯文，也背了兩萬四千個單字。但其中只有八千字能確實記牢，一萬兩千字大概記得，剩下四千字就背不太熟，所以沒什麼了不起。

從這裡我們可以知道，支撐著大英帝國的貴族們具備了超乎想像的才能、活力與使命感。由此可知，與德布林只差兩歲，不輕易讚美英國的法國代表性知識分子泰納，卻如前述大為讚嘆英國貴族的活力，是其來有自的。

但在二十世紀法國最親英的歷史學家安德烈．莫洛亞（André Maurois）描寫維多利亞女王死後的作品中，我們看到的是優雅練達、極具知性，但已經明顯開始失去自信與活力的年輕貴族政治家身影。（《愛德華時代的英國》）

從泰納驚嘆極富自信與活力的英國領導者，到了莫洛亞已感受到的「走向落日的英國貴族」，這之間究竟發生了什麼？儘管有經濟競爭力的衰退與民主化的進展，以及國際情勢的變化與社會結構的轉變等種種因素，但菁英階層心中所發生的某種變化，應該才是關鍵。思考「英國衰退」現象時，與思考其他帝國衰亡現象相同，精神問題也是一個極為重要的命題。

維多利亞時代的結束

「歷史的轉捩點」其實經常只在一瞬間。

泰納所看到的英國與莫洛亞所觀察到的英國，大約相差半個世紀。但英國菁英的精神活力產生重大變化的關鍵時期，大約就在世紀末，也就是一八九七年到一九〇二年這五年。

一八九七年，正值維多利亞女王「在位六十週年」（Diamond Jubilee），當年六月以倫敦為中心，世界各地的英國領土數度舉辦盛大的慶祝儀式。當時有許多不同膚色，多種宗教與文化的四億「帝國臣民」，都沉醉在以「大英帝國永遠偉大」為主題的慶典活動之中。當然，這無疑是為「鼎盛期的帝國」錦上添花的「盛宴」，但同時也是宣告大英帝國的漫長歷史將步入「終曲」的慶典。

當時英國統治範圍達地球陸地面積的四分之一，全球六分之一的人口處於大英帝國的統治之下，是史上最大的帝國。

但早在四百年前，馬基維利（Niccolò Machiavelli）就曾如此描述大國的命運：

在上帝的旨意下，任何有形的事物都會不停變化。因此所有的事物一旦攀上顛峰，因為前方已然無路，就只能無可避免地走下坡。

而大英帝國在此後不過半世紀的光景，便永遠消失在地平線上。

的確，過了「顛峰」後，下降的速度是快是慢，看法因人而異。但在「在位六十週年」那令人感傷的壯麗慶典之後，似乎可以預料到，就像「盛宴落幕後」一般，帝國面臨出乎意料的挫折，造成了「時代精神」的變化。

這個壯麗至極的慶典後僅四年，維多利亞女王便駕崩了。在一個君主統治的國家，正值治世時的政權交替，總會為該國人心帶來超乎理論所能說明的深刻改變。尤其該君主統治的時代很長，且經歷過的時代越是偉大輝煌，對於新時代的「廢弛」與「喪失感」就越重。不同於過去漫長而厚重的時代氣氛，往後將來到的治世，將從根本予人「輕薄」、「渾沌」的感受。領導國家的菁英階層們，其精神狀況將清楚反映出這種氣氛。

至少，在輝煌的維多利亞時代結束時，英國人有了一種「一個時代結束了」的感受，而且這個時間點也實在非常戲劇化。

當時，就已有許多人主張十九世紀是「英國的世紀」。然而關於「十九世紀的最後一年是一八九九年，還是一九〇〇年」這個問題，是一八九〇年代英國知識界——同時也蔓延到全世界——所爭論的其中一個主題。而做出結論的方式也頗有英國風格，也就是由「皇家天文局」裁決「一九〇〇年十二月三十一日為十九世紀的終點」。

而這個「十九世紀的終點」結束後不過三週，維多利亞女王便去世了。透過這兩個事件，使人們深刻地感受到「英國的世紀」已然終結。

但問題並非只是在於月曆上的日期。維多利亞女王去世的一九〇一年一月，是當時在世的英國人陷入有記憶以來、空前的「沉重挫折感」的時期。也就是南非的波爾戰爭陷入始料未及的苦戰。

世界超級大國英國，加上從帝國勢力範圍各地集結而來的五十萬大軍，投入南非已經一年幾個月，卻還是無法打敗僅僅三萬五千人規模的波爾軍隊。

此時許多英國人開始質疑，是不是哪個環節完全錯了？大英帝國向來自詡為世界帶來文明與秩序，但在這場「原始」與「野蠻」對抗「文明」（也就是英國）的戰爭中，早已招致歐洲甚至世界各國的質疑與批評。接下來英軍節節敗退，各國不但冷嘲熱諷看待，更毫不掩飾地開始同情、甚至援助波爾人。

過去英國標榜著「光榮孤立」，倚靠強大的國力保持自身的清高，後來才知道，這只是一種貪求安逸的「恥辱的孤立」。不僅如此，同樣摸索著成為世界大國的德國人，以及有意一雪兩年前「法紹達事件」恥辱的法國人，在這場戰爭中都目睹了陷入英國出乎意料的衰弱與苦戰。英國人也首次遭遇大規模反英情感的來襲，這才領悟到，他們已然陷入了「危險的孤立」。

以上種種看在英國菁英階層的眼中，將覺得「世界的大英帝國」地位大為動搖。而當英國民眾也都廣泛感受到是不是做錯了什麼時，又適逢維多利亞女王撒手人寰。

「時代轉變」將對人心帶來劇烈的變化，這樣的變化也可能在一瞬間形塑了下個時代的大半樣貌。

世紀末式的帝國主義

在這個時間點，以波爾戰爭最為深深地打擊英國菁英的信心、大大削弱他們為帝國統治獻身的熱情。

英國在一八一五年拿破崙戰爭勝利後，併吞了數百年來原屬荷蘭領土的南非「開普殖民地」。但已經本土化的荷蘭殖民者後代（波爾人）不願受英國統治而開始集體移民，遷往遙遠的北方，在南非內陸新建「川斯瓦共和國」（Transvaal Republic）與「奧蘭治自由邦」（Orange Free State）兩個屬於他們的國家。

一八五〇年代，美國加州接連發現金礦，人們始得知當地有龐大的礦脈存在。由於美國西部「金礦」的魅力，人們「盲目衝動」、引發了美國大幅的人口移動，這股「盲流」成為發展的決定性關鍵。而十九世紀對「黃金」（以及鑽石）的衝動，也在南非掀起相同的歷史衝動。

此外，當時正值全世界「帝國主義」口號震天價響的時代。「喀土木的戈登」所引發的慌亂，使得後來英國國內在同一時期蔓延著「為了文明與進步，必須擴大英國統治」的「狂熱」。

因此，世紀末的「帝國主義」也有其獨特的性格。首先，英國花了數百年自然順應周邊狀況後，才逐漸建構起「大英帝國」這個集合體。「世紀末的帝國主義」與這種「自然形成的帝國主義」不同，是充滿世紀末「頹廢氣氛」的「新秩序思考」。也就是說，在現在這場新的「世界爭奪戰」的大競爭中，可明顯看到「適者生存」以及「需要毫不猶豫的行動」的氣質。這種氣質源於放任毫不掩飾的情緒衝動，以及精神上的放蕩。

這種「世紀末的帝國主義」以最醜惡的型態與「對金錢的貪念」結合，引發了一八九五年的「詹姆森突襲」（Jameson Raid）事件，也就是以南非礦業大亨塞西爾・羅德斯（Cecil

Rhodes）為首的英國人入侵川斯瓦共和國的事件。

在當時的英國人之中，某些有如「非洲浪人」般的黑社會集團甚至成立了軍事組織，意圖攻擊波爾人的國家、顛覆其政府，以求將金礦納為英國所有，堪稱是一種古典帝國主義式的陰謀行動。但這樣的行動，僅三天就被波爾人政府鎮壓，並造成「邪惡而貪婪的大英帝國主義」在全世界臭名遠播。

當時，詩人奧斯卡．王爾德（Oscar Wilde）的同性戀審判尚在進行中，廣受世界矚目。據說一部分舊時代的英國人把王爾德當作「世紀末的放蕩」的例子，認為新帝國主義與同性戀的蔓延似乎有某些相同的根源。這也為四年後，大英帝國正式向波爾人宣戰的波爾戰爭之舉定調。

也就是說，將失敗的「詹姆森突襲」以更大規模的國家立場，並以一些正當性進行包裝後，就成為了波爾戰爭。以「較宏觀的眼光」來觀察整個情勢就能明白這點。

但是，對許多英國本國人而言，他們一開始並不太能接受波爾戰爭這樣的舉動。不過，前一年（一八九八年）為「喀土木的戈登」復仇成功（恩圖曼戰爭）的狂熱，以及全國各地慶祝「維多利亞女王在位六十週年」的壯麗遊行，這種渴求「帝國光榮」的聲音驅使了英國人參戰。

另外，「為了文明與進步」也是其中一個參戰理由。具體而言，就是「制止波爾人對非洲黑人殘酷的種族歧視」。

年輕的邱吉爾在這場戰爭中擔任《晨郵報》（*Morning Post*）的從軍特派員，他被波爾軍擄為俘虜、卻自行逃脫，對於當時剛開始普及閱讀日報的習慣的英國民眾而言，邱吉爾的冒險故事驚悚而刺激，是戰爭新聞的絕佳題材，這也使邱吉爾一躍成為當時的國民英雄，也成了他從政的契機。但在開戰前，對未來失去希望而鬱鬱寡歡的日子裡，日報上的報導文字卻是如此這般：

> 遲早，為了我們帝國的安全與榮譽，以及我們民族的福祉，與波爾人的這場正義之戰無可避免。

這句話充分表現出混合了對川斯瓦的「金礦」與「領土」野心，以及為提升人類文明的「正義」衝動，是極具盎格魯－撒克遜民族風格的戰爭心理。

而對踏入政界的邱吉爾而言，這堪稱是飛黃騰達的機會。半世紀之後，「溫斯頓．邱吉爾」這個名字，為大英帝國添上了不可或缺的一抹色彩。

重大挫折的預兆

一八九九年十月開戰時，英國立刻派遣布勒上將（Sir Redvers Buller）率領三個師、八萬大軍前往非洲的偏遠角落。兵力比當年由威靈頓將軍領軍打敗拿破崙的「滑鐵盧戰爭」還要多出一倍以上。但這場與波爾人的戰爭，與十九世紀以來英國所打過的「滑鐵盧戰爭」、「克里米亞戰爭」，以及「恩圖曼戰爭」從根本上大不相同。簡單來說，這場戰爭預告了即將到來的時代。

波爾戰爭是一場典型二十世紀式的慘烈游擊戰。開戰以來，波爾軍的勇敢反擊與埋伏突襲，使得英國不斷遭受「意料之外的大敗」，舉國上下經歷了如喪考妣的「黑色星期」（Black Week）。號稱英國陸軍第一猛將的布勒遭撤換，改派遣近四十年前的印度土兵兵變（Sepoy Mutiny）以來在帝國打贏多場邊境戰爭、更因阿富汗戰爭獲勝而獲得「坎達哈的羅伯茨」稱號、晉升貴族階級、但年已古稀的羅伯茨元帥（Lord Frederick Roberts）來指揮英國大軍，使波爾戰爭成為「傾帝國之力」的一戰。不過，實際的指揮官是四十九歲的年輕參謀長基奇納（Lord Kitchener）。

羅伯茨是「十九世紀的戰士」，但波爾戰爭卻是一場二十世紀的戰爭。因此需要其他人來指揮，才能夠應對這二十世紀型態的慘烈游擊戰，以及發動巨大組織進行「機械戰」的總動員體制。而適合指揮這場新型態戰爭的人選，非基奇納莫屬。基奇納在前一年，於大規模的補給下遠征蘇丹，報了「戈登之仇」，使英國人大為振奮，是這場「恩圖曼戰役」的靈魂人物。他更是後來又在第一次世界大戰打破英國傳統，引進徵兵制創設「巨大陸軍」（mass army），建立「總體戰」（total war）體制的人物。

基奇納重視組織化的集中配備，以及有系統的補給體系，不惜以強大火力造成損害，總是以正面突破，可以說是與布勒和羅伯茨的時代完全不同，屬於世界大戰型的新型態軍人。但往後如「索姆河戰役」與「巴謝戴爾大規模陣亡」*等，使第一次世界大戰英國陸軍受到毀滅性損害的戰略思想。當時擔任基奇納陣中副參謀長、指揮英軍攻入波爾人首都普勒托利亞的是伊恩・漢密爾頓（Lord Ian Hamilton）少將，他同時也是與索姆河戰役同屬第一次世界大戰最大悲劇的「加里波利之戰」（Battle of Gallipoli）的責任者。

實際上，波爾戰爭預告了二十世紀會是什麼樣的時代，同時也是預告英國在第一次世界大

* 巴謝戴爾（Passchendaele），位於比利時境內，此役又稱第三次伊普爾戰役，協約國至少有三十二萬名軍人傷亡，德軍有二十六萬。——編註

戰以後將經歷的「重大挫折」樣貌的事件。

基奇納與漢密爾頓的組合，無疑是宣告了二十世紀的到來，以及威靈頓、羅伯茨、戈登或沃爾斯利等十九世紀式少數古典陸軍英雄在戰場上活躍的時代已經告終。而基奇納與漢密爾頓用來對抗波爾人游擊戰的新戰術，也讓這場戰爭成為最先掌握「二十世紀」本質的戰爭，亦即為了切斷波爾民眾對游擊戰的援助，將包括女性與兒童在內的農村居民，強制收容於在一定面積土地內設置一處的「集中營」（concentration camp）。

一九三〇年代，當時有點年紀的英國人若聽到納粹德國收容猶太人的處所也稱為「集中營」，他們會聯想到的是波爾戰爭，甚至會覺得這是希特勒對英國的「反諷」。無論如何，在這點上，波爾戰爭竟與納粹屠殺猶太人（Holocaust），以及一九六〇年代越戰美軍的「戰略村」對越共的政策如出一轍，可說是預先展示了「悲慘的二十世紀」的歷史。

這樣的狀況自然使得具有英國菁英真摯特質的人民心中產生了劇烈的幻滅與反彈，也同時對「帝國的理想」大為存疑。著名歷史學者葛德溫．史密斯（Goldwin Smith），與後來擔任駐美大使的詹姆士．布萊斯（James Bryce）曾如此形容：

> 這場戰爭除了張伯倫和塞西爾．羅德斯以外，對任何人而言都是不必要的。況且因為這

場戰爭，使得英國遭到世界排斥。我堅信英國在（百年戰爭）燒死聖女貞德之後，不曾再犯過這種道德上的錯誤。

同時，這場戰爭所導致的強烈幻滅與疑問，也從「無論好壞，都是我們的祖國」這種單純的愛國主義，強烈引發了如同放任自己身處世紀末感覺主義的「守護偉大的帝國」這種「對外強硬主義」或「為種族平等而戰」等各種好戰論。兩者引發了激烈的爭論，使國家分裂成兩派，甚至使得部分菁英階層為此與友人、家人或師徒之間反目成仇，成為展現「良心對決」的問題，在許多英國人心中留下傷痕。

這樣的分歧後來導致了自由黨的大分裂，甚至造成了自由黨史無前例的崩潰以及工黨的崛起，也是二十世紀英國政治史大規模輪替的根源。從知識分子間大量盛行犬儒主義的狀況看來，波爾戰爭就像後來西班牙內戰與蘇伊士戰爭的先驅，率先預告了二十世紀的來臨。

此時有一位「異邦人」，對英國（英格蘭）人良心的深沉動搖冷眼旁觀的威爾斯人，他大膽主張「親波爾」立場，並將這場爭論用來累積自己政治聲望，他就是勞合・喬治（Lloyd George）。雖然勞合・喬治與邱吉爾在這場戰爭中相互對立，但都利用這場戰爭，機關算盡地操作輿論，以新型態向大眾展示自己並坐上權力寶座，成為二十世紀的代表性人物。波爾戰爭將這樣的人推上英國政治舞台，可謂是「二十世紀的入口」。

但除了他們以外，許多英國菁英都認為波爾戰爭是一個不堪回首的痛苦記憶。無論當時選擇的是「親波爾」或是「對外強硬主義」立場，戰爭結束後，英國的知識菁英都無法回到戰前那種「純真」與「自我滿足」。

五萬名的傷亡者（波爾軍人僅有四千人陣亡，但強制收容所的波爾婦孺死傷人數多達二萬人），以及付出兩億三千萬英鎊的戰爭費用（一九〇〇年英國國民所得為十七億五千萬英鎊），並鏖戰三年之久，一九〇二年五月波爾戰爭終於結束。對英國而言，在精神上及道德上，都象徵了「維多利亞時代」的真正結束。

對帝國主義的幻滅

在大英帝國的漫長歷史中，經歷了許多戰爭，卻可以發現一個奇妙的悖論。例如拿破崙戰爭或兩次世界大戰等攸關國家命運的大戰，英國當然從未失敗過。不只如此，這些戰爭都有國民的堅定支持與大致的共識存在，第一次世界大戰除了部分例外，在戰後並未出現國民普遍對戰爭幻滅的情形。

相對地，對往後帝國走向與民心向背具有決定性影響的，多是小規模的「邊境戰爭」。這些戰爭的共同點在於，都導致了英國陷入危險的國際孤立狀態，同時引發國內嚴重分裂的「艱苦戰爭」（bitter war）。

這個狀況顯示了出世界大國真正的罩門之所在。

對英國而言，典型的「艱苦戰爭」除了波爾戰爭以外，還有十八世紀的美國獨立戰爭與二十世紀的蘇伊士戰爭。美國獨立戰爭中，新興的大英帝國對殖民地的叛亂鎮壓失敗，在歐洲列強包圍下，不但失去大西洋的制海權，甚至母國安全都受到威脅，同時國內也出現許多「親美派」，導致國內輿論尖銳對立。結果造成戰後幾乎可稱為一種「革命」的政治意識變化（反政府運動與議會改革）。一九五六年的蘇伊士戰爭雖然名為恢復運河的控制權而出兵埃及，但美蘇兩大國一致強烈反對，使英國遭世界孤立，導致國內的嚴重爭論，結果證明了大英帝國的「真正結束」。

然而，波爾戰爭與另外兩場戰爭又有所不同。第一，這場戰爭無論內容如何，至少是險勝，而戰後對國家走向也未造成決定性的變化。但某方面而言，波爾戰爭對英國人「心理上的影響」比其他戰爭都來得大。因此對戰後英國留下的陰影也比其他戰爭更大。

歷史學家A・J・P・泰勒（Alan John Percivale Taylor）認為，就波爾戰爭的結果來看，英國人對「帝國的信念」蒙上陰影，精神上的權威喪失殆盡，意義遠比使波爾人失去獨立地位要大得多。[3]

尤其是在戰爭中，英國多數菁英拋棄了他們向來對英國傳統國力抱持的健全懷疑態度，而投入戰爭的狂躁中，這或許是「帝國主義」這種「世紀末的頹廢」所致。當他們戰後能夠冷靜回想時，必定能夠感受到在幻滅的情感中，自身對帝國統治正當性以及對英國本身道義立場信念的動搖，這也是理所當然的結果。

自古以來世界大國的衰退，大多是先從幾場邊境小規模戰爭的失敗開始，使人們對自己的理念開始出現疑問或動搖，抱持良心的菁英感到自己的道義出現缺陷，因而「氣力喪失」與「活力衰頹」，接著便會使得統治慾望以及統治不可或缺的精神活力開始減退。

世界大國絕不會因為大規模戰爭而滅亡。

而波爾戰爭正好與維多利亞女王治世終結的象徵同時發生，故加深了時代更迭所造成國民在精神上及道德上的活力衰退。

在「維多利亞時代」之後，到來的是國王（愛德華七世）的「愛德華時代」（Edwardian）。與穩重嚴謹，並自信滿滿的「維多利亞時代」正好相反，人們形容這是一個輕薄、不負責任而空虛，喧囂而重視享樂的時代。這樣的差距正是一絲不苟的寡婦維多利亞，和她放蕩不羈的兒子愛德華的對比。

但在此要強調的是，正好發生在兩代治世分界點上的波爾戰爭所帶來全國規模「心靈創傷」與自我信念的喪失。戰後的「世代交替」充分反映出了維持帝國統治的菁英們的精神活力衰退狀況。近代國家在君主治世改朝換代時，經常會偶然地伴隨了這種決定性的「世代交替」。

維多利亞去世隔年，首相索爾茲伯里也在卸任一年後辭世。生於一八三〇年的索爾茲伯里大約比女王小了十歲多，但他在維多利亞治世後期連續擔任首相長達十三年，僅次於十九世紀初的利物浦首相（甚至到二十一世紀的今天，還沒有人打破他的紀錄）。但維多利亞女王與索爾茲伯里作為「女王與首相」，組成一個「嚴謹、穩固，毫不懈怠」風格的絕妙組合，攜手建立大英帝國「堅若磐石」的形象。這也令人想起三百年前「無敵艦隊」來襲時，聯手建立帝國基石的伊莉莎白一世與首相威廉・塞西爾之間的關係（參照第二章）。這是當然，因為索爾茲伯里就是塞西爾首相的直系子孫。

如此綿延的血緣關係，以及只能說是巧合的歷史重現，但也象徵了包括帝國的舵手在內，英國這個帝國的核心在這三百年之間，本質上完全沒有改變。

但此時，已經無法阻擋這「三百年」的結束。

令人驚訝的是，在索爾茲伯里之後領導大英帝國的首相，又是與他有血緣關係的侄子亞瑟·貝爾福（Arthur Balfour），即便有血統上的連續性，但貝爾福所具有的領導者氣質卻與過去有很大的「區隔」。儘管貝爾福在知識方面也非常優秀，但總予人輕薄而空泛的印象，「守護帝國」的氣魄與信念已經有所動搖的貝爾福，明顯與叔父和塞西爾家族的祖先屬於不同時代。後來如「多頭辭令外交」*的例子，在英國外交史上留下汙點的《貝爾福宣言》的精神背景，正忠實呈現著帝國道義的世代交替。

當我們問及大英帝國統治的本質時，一位老政治家立刻回答：「本質不在於制度，徹頭徹尾都在於人。」因此某個決定性的「換人」，就使得帝國「開始走向終結」。

與動搖的貝爾福一起走向終結的，是勞合·喬治和溫斯頓·邱吉爾。這三人的組合宣告了二十世紀的到來。在這一點上，波爾戰爭也象徵了「過往美好時代」的結束。

---

*日文原文為「三枚舌外交」，特指英國在第一次世界大戰時期對巴勒斯坦的中東外交政策。「三枚舌」一詞源自佛教十善戒之中的「兩舌」，亦指巧言令色，利用機會在兩人之間説長道短，挑撥離間。英國在一戰時期分別與阿拉伯、法國、猶太人簽訂了《麥克馬洪－海珊通訊》、《賽克斯－皮科協定》以及《貝爾福宣言》，造就日後中東國界問題頻生，在日文中特以「三枚舌外交」稱之。——編註

第七章

走向美國的世紀

「剛結束的世紀是英國的世紀，而剛要展開的世紀是你們的世紀。」

——喬治・巴克爾（George Buckle）

《門羅宣言》挑戰英國

一九〇五年孫文滯留於倫敦時，聽到對馬海峽海戰一役日本得勝的消息，感想如下：

這個消息傳到歐洲，歐洲全部人民為之悲憂，如喪考妣。英國雖然是和日本同盟，而英國人士一聽到了這個消息，大多數也都是搖首皺眉，以為日本得了這個大勝利，終非白人之福。這正是英國話所說「Blood is thicker than water」（血濃於水）的觀念。*

在此之前，十八世紀中葉的英國哲學家大衛．休謨（David Hume）得知好友愛德華．吉朋（Edward Gibbon）欲以法文撰寫《羅馬帝國衰亡史》，當時他力勸好友以英語撰寫：「的確，當今法文的流通性較高。但總有一天，英文將擁有更為穩固的優勢，且將長久維持。因為我們正在美洲大陸建立堅實的基礎。」[1]

* 據〈大亞洲主義——對神戶商業會議所等五團體講演詞〉（十一月二十八日下午三時在神戶高等女學校），載《孫文先生由上海過日本之言論》（廣州：民智書局，一九二五年三月發行）。——譯註

以上指的是休謨提出忠告前四年，一七六三年，英國正因「七年戰爭」的勝利，驅逐法國在北美大陸的勢力，首次跨越大西洋，建立盎格魯－撒克遜帝國基礎這個史實。

語言和文化，種族與文明，與國際政治的權力鬥爭密切相關，卻不是國際政治和歷史動向的全部。的確如休謨所預測，七年戰爭中的「魁北克勝利」使北美大陸落入英國手中，奠定擴大盎格魯－撒克遜文明的基礎。或許是「歷史的反諷」，不到二十年，北美就因為美國獨立戰爭而切斷與英國的關聯，致使許多英國人有「幻滅」之感。

新誕生的「美利堅合眾國」放大「壓迫者英國」的反英情感，並且以世界無人能出其右的激進式民主意識形態，以及深植於民族性格深處的強烈「自主意識」，而成為英國人長年以來「無法諒解」的對象，一直無法加以信任。

自獨立戰爭以來，英美關係維持了約一個世紀的摩擦與對立，充滿了難以消弭的不信任感。

十九世紀不列顛治世顛峰期的外交官代表，史特拉福．坎寧（Stratford Canning）在一八二〇年代曾任駐美公使，到華盛頓任職。他當時經常為主要的交涉對象，即美國國務卿約翰．昆西．亞當斯（John Quincy Adams）的「怪癖」所苦。亞當斯是美國第二任總統約翰．亞當斯的長子，是溫文儒雅的歐洲通。但坎寧在與亞當斯的對話中，亞當斯卻常常開著門不關，突然大聲咆哮，或是嚴詞批判英國。後來才得知，當時美國國務院向部屬表示，對英國的態度越是強硬，才越能展現自己身為美國人的「國民義務」。若不向周圍人群充分表現「反英」情感，便無法維持自身在美國政壇的地位。[2]

一八二〇年代，中南美洲的西班牙殖民地也開始醞釀獨立，法國等歐洲列強試圖介入。但英國與美國有相同想法，不希望歐洲列強介入新大陸。因此英國原本有意與美國發表「不允許歐洲介入美洲大陸」的共同聲明。但美國不願與英國共同行動，於是就跳過英國，單獨向世界發布同一主旨的「一大宣言」，即著名的《門羅宣言》。

當時與歐洲各主要國家相比仍屬小國、開發尚未完全的美國，竟做出《門羅宣言》這樣的行動，備受各國矚目。這種一國主義與自我正當化的傾向，堪稱是「英華早發」。未來建立大帝國的野心，以及信奉人類普世價值的「超大國的本能」，美國很早就具備了。

但美國內心盤算的一點特別重要。英國發現美國意圖趁機併吞古巴，因此想要攜手發表共同聲明，但美國敏銳地發現英國的企圖，因此跳過英國，以略為「自我膨脹」的自負與反英情感，結合高貴的理想主義，反過來將英國踢出，這是美國外交的「巧妙算計」。看似幼稚的自我中心與理想主義性格，卻矛盾地具有敏銳的感覺與複雜的「算計」能力，這就是美國這個國家一開始便具備的本質。忘卻這個本質的國家，接二連三地成為歷史上的「失敗者」，而第一個失敗者就是英國。

美國外交上的膨脹傾向與理想主義，務實地追求國家利益與高潔的自我主張，卻以獨特的方式結合在一起。這些對於作為世界霸權的英國、尤其是英國的貴族政治家而言，特別難以理解，不斷造成英國人很大的反感。

巴麥尊首相的擔憂

《門羅宣言》後，英國菁英的「反美情感」在加拿大國界問題、巴拿馬運河構想，以及英國海軍的戰時封鎖權等問題上逐漸減弱。而美國人則覺得雖然無法正面抵抗英國的霸權，但仍無法放下一貫的「反英」情感。到了一八二三年，湯瑪斯．傑佛遜（Thomas Jefferson）則提出了與英國「無可避免的協調」，論調如下：

> 大英帝國是世界上最容易對我國構成威脅的國家。因此若與英國合作，在世界上便沒了其他威脅。

在十九世紀末擔任參議院議員，熱切主張美國「邁向世界大國之道」的亨利．卡伯特．洛奇（Henry Cabot Lodge），到了一八九〇年，對於美國的經濟蕭條與社會混亂，仍然主張是「英國惹的禍」，顯現出激烈的「反英情感」。即便如此，他也必定加上一句：「話雖如此，只是一艘大英戰艦，卻仍能把紐約夷為平地，或是擄走人質來威脅我們。」他依然承認與英國在實力上的天壤之別。

儘管他如此冷靜地認清雙方的實力差異，但另一方面，他也認為如果美國有不輕易屈服於英國壓力的對抗意識，這將是美國成為大國的一大動力。

因此，處於「不列顛治世」顛峰時期的英國領導者們，面對美國有意躋身大國的企圖始終抱持警戒，早期也有些人認為必須打壓美國。其中一位是一八三〇年起擔任外交大臣，一八六五年在首相任內去世，在英國顛峰期領導國家達三十年的巴麥尊（Palmerston，「巴麥尊」是他成為貴族後所賜與的爵位，本名亨利．約翰．坦普爾，為第三章所述威廉．坦普爾的子孫）。在一八五八年，巴麥尊已經斷言，世界上會對英國的地位構成威脅的國家，有法國、俄國與美國三國，其中最危險的是美國。

一七八三年，也就是巴麥尊出生前一年，英國在屈辱的敗戰下被迫接受美國獨立的事實。一八一二年，巴麥尊擔任進入政界的第一個要職，也就是軍需大臣，在英美戰爭中負責補給。

而三十年後的一八四一年，巴麥尊擔任外交大臣，與俄羅斯、法國、中國以及美國分別發生紛爭，也分別與這幾個國家實際交戰，或是面臨戰爭一觸即發的危機。

但英國藉由當時極為強盛的國力與威信，一一克服這些危機，造就了象徵「不列顛治世」達到頂峰的外交事件。

當年在巴麥尊領導下的英國，為了鄂圖曼土耳其帝國與埃及問題，險些與俄、法兩國開戰（第二次東方危機），以戰爭威脅法俄雙方屈服。同年又發生「鴉片戰爭」與中國交戰，並迫使清廷割讓香港（一八四二年締結《南京條約》）。在此同時，因加拿大國界問題而引發的英美紛爭「麥克勞德事件」中，巴麥尊干涉了美國的國內司法審判：如果美國法院對加拿大人（也是英國臣民）判刑，英國「將會迅速確實地對美開戰」，以此對美國施加威嚇與壓制。這讓一度譁然的美國輿論沉默下來，成功使美國屈服。

當英國在歐洲與中東兩地與俄法兩國一觸即發時，同時也在中國打「鴉片戰爭」，加上為了加拿大的漫長國界一事，不惜威脅美國令其屈服，這些事件令人感受到如日中天的「不列顛治世」之下英國國威的強大。特別值得一提的是，美國那充滿頑強國家主義的議會與輿論，卻屈辱地承受了英國的威脅。

但對巴麥尊而言，光是使美國「屈服」並不夠。因為巴麥尊最擔心的，是美國將來成為世界大國，正面挑戰英國的潛力。為了從根本上剷除這種可能，必須採用這種重挫美國銳氣的「解決」方式。

二十年後，巴麥尊在首相生涯尾聲有了這樣的機會，就是一八六一年爆發的美國南北戰爭。巴麥尊認為英國若支持南方，美國將永遠一分為二，甚至分崩離析。「斬草除根」的機會來了。

但當時英國國內的輿論，卻不是「提防挑戰英國霸權的美國這個潛在威脅」。英國雖然比美國晚了一個世代，卻支持廢除黑奴這個人道目標的北方，因此暗中反對由貴族主導支持南方的英國政府介入。

導致英國猶豫的真正原因，在於美國迅速組織了歐洲世界難以想像的龐大陸軍兵力，以全面戰爭的形式開打，北方展現了驚人的物資和動員力量。

大約在南北戰爭結束之際，巴麥尊在首相任內去世。在當時的世界勢力結構中，除了英國，沒有其他國家真正有能力干涉美國。英國巴麥尊首相以此自覺，認真思考必須處理美國的「潛在威脅」，最後不得不加以介入。但這也象徵了在美洲大陸，已經沒有其他國家能阻止美國邁向大國之路。接下來的問題只是美國是否要繼續向外擴張而已。

「盎格魯－撒克遜」的幻想

南北戰爭結束後，美國回歸國內重建與經濟發展的道路。此後三十年間，美國的人口增加與經濟成長有目共睹，主要工業生產與貿易總額皆呈倍數成長，造就史無前例的榮景。但此時（一八九〇年代）的美國尚未有挑戰英國霸權的姿態。

同一時期，雖沒有美國這樣的急速成長，但在俾斯麥統治下統一的德國也迅速走上歐陸大國的道路。不過，德國東西兩側分別被宿敵俄羅斯與法國包圍而對峙，而美國從加勒比海到南美洲，以及太平洋在內，發展空間可說趨近無限。由於沒有勢力具備意願與能力加以阻擋，如此便注定了美國成為「下一個超大國」。

因此，美國興起的核心問題與其說是「為何美國成為超級大國」，不如說在於「為何之後英國不再防堵美國的擴張」。

而美國終於在大英帝國明顯出現「衰退」徵兆的一八九〇年代中期，突然展露出企圖成為世界大國的志向。

一八九〇年，美國海軍的實力還不及包括智利在內的世界海軍十二強。但僅在十年之內就攀升為世界海軍第三位。且此後美國刻意朝向政治軍事大國的方向邁進，或以美國的方式來說，這源自「國家策略」的明朗化。

一八九〇年代初期，出現兩部著作決定了美國的路線。一部是歷史家特納（Frederick Jackson Turner）的《美國史上邊界的重要性》（*The Significance of the Frontier in American History*），另一部則是馬漢（Alfred Thayer Mahan）《海權對歷史的影響》（*The Influence of Sea Power Upon History*）。前者主張若要消滅美洲大陸上的邊界，使美國人的活力與美國的國力能持續發展，就必須在政治、經濟上都朝海外發展；後者則力陳作為世界大國，厚植海軍實力對於海外發展的重要性。

這兩本著作，讓二十世紀就此成為「美國的世紀」。

早在一九〇二年，國務卿海約翰（John Milton Hay）曾表示：「世界金融與權力中心花了數千年的歲月，才由幼發拉底河畔轉移到泰晤士河畔，現在卻好像只花了一天的光景，就移到哈德遜河畔了。」而財政部長雷斯利．蕭爾（Leslie Mortimer Shaw）更提到：

> 現在美國守護著整個西半球的安全，有了太平洋所有國家和島嶼，美國的財富與力量，加上夏威夷、菲律賓群島，以及未來必定實現的巴拿馬運河連通所構成的海上力量，將很快地將太平洋的統治權由米字旗下移轉到星條旗下。

倫敦《泰晤士報》的總編輯喬治．巴克爾在一九〇一年，也對美國記者表示：「剛結束的世紀是英國的世紀，而剛要展開的世紀是你們的世紀。」

為何在這麼短的時間內，英國人便開始承認美國「走向霸權」的事實呢？這對大英帝國往後的發展又有什麼意義呢？

一八九五年，南美洲的委內瑞拉與英屬蓋亞那產生國界紛爭時，美國以《門羅宣言》為由要求英國承認他們的強制仲裁權。仍帶著「不列顛治世」驕傲的索爾茲伯里則以「不承認《門羅宣言》」為由反擊。到此時為止，英國人都以一種陳舊的「約翰牛」（John Bull，英國人）擬人化的負面形象，輕蔑應對「美國佬」（Yankee，美國人），無視他們的要求。

對此，當時美國總統克里夫蘭（Stephen Cleveland）將咨文送到議會，表明不惜對英宣戰，英美戰事一觸即發。當時人在歐洲考察的列寧，曾認為「英美戰爭無可避免」，不過列寧的預言並未實現。

但若沒有另一項因素，恐怕列寧的預言就要成真了。這個因素就是「德國」。一八九五年，在英美對峙當下，南非又爆發了英國與波爾人的紛爭（即「詹姆森突襲」，參照第六章），德國皇帝威廉二世寄給波爾人一份毫不掩飾敵視英國的電報，使倫敦方面譁然，英國也首次感受到來自德國的威脅。威廉二世對塞西爾．羅德斯等人所策劃的「詹姆森突襲」的失敗表示「可喜可賀」，同時表明德國支持波爾人。對英國人來說，這起事件無論是「美國的威脅」或是「德國的威脅」，都說明國家被迫做出抉擇的時刻終將到來。此事深深烙印在許多英國人的腦海中。

事已至此，索爾茲伯里終於決定接受《門羅宣言》這個奇特、若是過去的英國菁英恐怕無法忍受的「美國佬」式「原則」。索爾茲伯里冷靜判斷：「無論如何，如今不能背負著對美開戰的危險性。」這與「民主」理念或是親美情感無關，完全是基於「國力」與「國家利益」的考量。

索爾茲伯里的侄子，也是當時內閣第二號人物的亞瑟·貝爾福在此危機當中，曾發表過一段著名演說如下：

> 我一想到對美戰爭，就感覺到有如一場內戰般的異樣厭惡感。我們應該確立一個原則：同樣說英語的國家，不該兵戎相見。

的確，此後帶給英國威脅的角色漸漸變成德國。而這場演說也許是時間點的關係，以「內戰」的比喻展現對美國極端讓步的低姿態，也意味著縱容美國的擴張。

這種「不是全有，就是全無」（All or nothing）的笨拙作法，並不是英國外交的常態。當時英國菁英對「盎格魯－撒克遜」「血緣關係」的過分重視，為這種幻想蒙上了一大陰影。

實際上在此之後，不過數年光景，英國便決定將原本標榜「英美共同建設」的巴拿馬地峽（美國人原本有意開通運河）建設工程完全交給美國（一九〇一年的《海－波恩斯福特條約》〔*The Hay-Pauncefote Treaty*〕）。關於阿拉斯加國界問題，英國也打壓身為英國臣民的加拿大人，對美國做出大幅讓步，到了美西戰爭時，更是樂意「承認」美國統治古巴與領有菲律賓。而到一九〇七年為止，英國勢力還涵蓋整個加勒比海，直逼美國東岸，但當年英軍即自加拿大新斯科細亞州（Nova Scotia）的哈利法克斯（Halifax）軍港全面撤退。實際上，可說是意味著英國將加拿大交給美國做「人質」，表明在戰略上全面放棄美洲大陸。

從巴麥尊到貝爾福，不過三十年的時間，英國對美國的態度卻發生了這樣決定性的變化。為何如此匆忙，而且史無前例地開始對美讓步？答案恐怕仍在於「德國威脅」的概念。

整個二十世紀到現在為止的歷史學界，大多不斷稱讚英國為對抗德國威脅，而對美國全面讓步的明快決斷，以及將德國作為主要敵人的正確對策。的確，在此可以看到這個「英國式政策」（對造成直接威脅的美國採取睿智的求和策略）的明智之處。但因為過於「急促」，衝擊了世界現狀與穩定的秩序結構，導致巨大衝擊與國際情勢的流動，結果使得英國外交因自身的行動，反而誘發自身無法控制的國際政治秩序全面變動。在此需特別強調此點。

實際上，此後的英國將德國視為「主要敵人」，撤離散布在世界各地的軍力部署而集中到歐洲，又對法國和俄國大幅讓步，與他們協商，逐漸建立「對德包圍網」。

但結果，卻造成了英國與試圖突破包圍網的德國之間陷入了不斷製造危機的惡性循環。包括一九〇五年的丹吉爾事件（第一次摩洛哥事件）與一九一一年的阿加迪爾事件（第二次摩洛哥事件）等等，種種紛爭成為第一次世界大戰的導火線，也是德國和英法之間數度對峙的代表性例子。當然，德國皇帝（威廉二世）的作法粗野而挑釁，德國的擴張傾向也是不容忽視的。

但高估「德國的威脅」，很早便否定與德國共存的可能性，只求「抑制」與「封鎖」德國，這種作法也是「不列顛治世」的其中一項特徵。這是種大大脫離過去柔軟身段、對威脅盡可能加以「處理」、在好的方面上的「求和傳統」。[3] 英國可說仍固執死守著視歐洲權力平衡為至上的「古老作法」，結果導致了第一次世界大戰，最終自掘墳墓。

如果對德國的讓步能達到對美國讓步幅度的一半，或許可以脫離這個惡性循環。故不得不說，是種族主義（盎格魯－撒克遜）導致了這些不幸。

操之過急的對美讓步

在二十世紀，對於像英國這樣的國家，也就是雖然還不明顯、但已經呈現出「衰退」徵兆的成熟國家，若發生大戰，將會大幅折損帝國的壽命。就如索爾茲伯里常說的口頭禪：「無論發生什麼，太大的變化有損英國的利益。因此我們不得不將慢慢抑制各種變化作為我們的國策。」這對一個已呈現衰退之兆的霸權國家而言是最適當的選擇。而後，當務之急則是徹底的國力重生與國家基本結構的改革。

但當時英國所選擇的方式，卻是反其道而行。逃避國內的改革，反而陷入盲目與他國結盟對付敵人的狀態，在應該追求國力重生之時，卻失去了「靠自己力量站起來」的氣概。這與對美國「操之過急的讓步」似乎有某些關聯。早在一八八〇年代，劍橋大學歷史學家約翰·西利便如此敘述：

> 將來俄羅斯和美國的國力，將大幅凌駕於目前所謂的「大國」。這就與十六世紀的城市國家佛羅倫斯（翡冷翠）在西歐的民族國家興起下式微相同。當然這也使得現今英國站在一個重大抉擇的十字路口。一邊是國家必須執行大規模的結構改革，使國家具備與這些大

國中的大國對等的國力；一邊是固守純粹歐洲國家的立場，如今天的西班牙就是這樣鎮日沉浸在過去曾為大國的光榮之中。[4]

對美國過於讓步，導致英國放棄採取西利所建議的第一選項的可能性。按照西利的說法，英國若想具備能與美俄抗衡的國力，就只能有系統地整合散布世界各地的殖民地，重新整合大英帝國。但若捨棄美洲與太平洋，就不可能重新整合為一個世界大國。結果導致了貝爾福等人「操之過急的對美讓步」，讓大英帝國重生的機會被迅速剝奪殆盡。正如索爾茲伯里所預言，第一次世界大戰大幅削弱了英國的國力。

英國大幅對美讓步，並未使美國投桃報李。如第一次世界大戰，當英國陷入苦戰時，美國威爾遜總統對英國的支援請求始終只是勉強應付。的確，對於德國採用無限制潛艇戰這個「史無前例的暴行」，雖然最終導致了一九一七年美國參戰，但美國在大戰末期才參戰，英國已經向美國商借大筆戰爭費用而成為債務國，戰後已無法與美國站在同一立場。

一九一六年，當時的英國財政大臣已如此預言：「明年六月，恐怕美國總統將會成為我們的主人。」果不其然，隔年威爾遜總統就因為對英債權的急速擴大而表示：「如今我們已經可以隨心所欲控制英國。」由於第一次世界大戰和先前的對美讓步，使英國靠著「自立」成為二十世紀超大國的可能性大幅喪失。

「過度」與「脫軌」所導致的狀況

以上我們看到的是一個大國衰退的要素。感受到衰退徵兆的大國，承認迎頭趕上的後起之秀，並且讓步與妥協，某種程度上是一種明智之舉。但是必須做到「恰到好處」（only just enough）。這種掏空自身重生的可能性、急速且大幅度的讓步，將導致使大國失去自律性，呈現「依存」之勢。因此，無論面對任何國家都必須慎重以對。

在英國外交的漫長傳統中，應該早已充分累積了解這些重要性的「智慧」才是。但從世紀末到第一次世界大戰時英國的選擇，尤其是對美關係的經營，只能說是近乎「喪失自我」的一種「放縱」，也浮現出一種自欺欺人的「樂觀主義」。為何這樣的英國會出現不尋常的「脫離」常軌呢？過度的種族觀點是原因之一，但還有許多其他因素。

人在逃避問題本質、設法尋求其他解決方式時，總是會盲目地採用曾經成功過、且自己也習慣的「舊方法」，試圖回歸早已風雲變色的世界。而所謂「舊方法」，就是在帝國興盛期曾經成功保障英國安全與繁榮的古典式「權力平衡」方式。

促使英國大幅對美讓步，以及為「包圍德國」而「集中火力」在歐洲，都在於英國不希望由單一國家掌握整個歐陸霸權，因而加以包圍與抑制的「回歸古老本能」所致，也就是回歸到舊的空間感。當然，越接近本身據點的威脅越容易被高估，不過，當時英國極端採取的「集中火力於歐洲」戰略，實在過於杞人憂天。

英國這個帝國即便已然跨越全球，卻仍將本身的近代生產力所帶來的巨大力量集中於「歐洲」這個非常危險的「封閉空間」的「歐洲中心主義」與「德國主要敵人論」，不得不說，這個目光如豆的選擇，招致了大英帝國的失敗。就這點來說，會步上第一次世界大戰之路，可說是肇因於英國對於權力平衡的錯誤（過時）執著。

對歐洲空間的計算錯誤，也導致了一大悲劇，就是充滿危險的「大巴爾幹半島」。英國在那裡的回歸面對了重大挫折。這是由於英國過度高估單一「威脅」，卻捨棄其他部分的「過度」作法所致。德國與美國對英國的挑戰，本質上早已超越地緣政治學的範疇。英國卻忽視這一切，只求回歸「舊方法」，或許這也是導致第一次世界大戰爆發的重要原因之一。

英國忽視了問題的本質，也就是大國力量的泉源，在於以財力為中心的經濟與社會「基本活力」這一點。以大英帝國來說，所謂的挑戰，就是西利口中的大幅「國家改造」。

當時的英國也開始大刀闊斧，以「國家效率」（national efficiency）為名，推進改革運動。原本來說，不「利用」（總有一天將轉化為「依存」）他人之力，堅持「靠自己的力量站起來」作為生存主幹，這樣的精神才是「成功」的最大條件。然而當時的英國認為，只要「操作」影響力就能維繫帝國，因此所提出的各項主張，以及舊時代的「權力平衡」外交操作嘗試，都成了對問題本質的逃避。換句話說，英國認為財政基礎的重建已不可能。在此前提之下所執行的外交策略，都是一種對自身國力的「悲觀主義外交」，一種本質上的「軟弱」；再者，這也是危險的選擇。

與前述一體兩面的，是對他國過度的「戒心」。某種程度上，對他國的強烈猜疑，是「第一強國」的宿命，面對他國迎頭趕上的憂慮與不安，可說是霸權國家的自然反應。但此時英國領導者對德國的過度戒心，以及美國的過度傾心都明顯失衡，與其說是戰略思考，不如說是一個終於自覺衰退的大國顯現出濃厚「焦躁」與「狼狽」的樣子。

最後，導致英國外交出現「過度」與「脫軌」的因素，仍然不脫對「種族」與「文明」的情感。雖然這某種程度上與世紀末歐洲廣為流傳的種族主義，以及奠基於文明論的國際政治觀等潮流密切相關，但關鍵還是「盎格魯－撒克遜的一體性」：英國人對之過於盲目，美國人則沒那麼在意。

如孫文所言，「種族」與「文明」是國際政治主旋律的要因，也是古今不變的真理。但認為這些將直接影響現實國際政治的錯誤思考，所導致的過失將比其他任何過錯都還要大。二十世紀前期的英國領導者親身證明了這一點。

第八章

改革論的季節

「大國特有的危險，在於無法修正自己所創造出來的偉大制度與價值觀。」

——沃爾特・白芝浩（Walter Bagehot）

戈耳狄俄斯之結

儘管歷史上有許多大國走向衰退，但沒有一國是在沒有意識到自己衰退的情況下便走向沒落。甚至大多數國家在發現衰退的徵兆接踵而來時，便不斷力倡各種「改革」方案，且各方意見經常爭執不下，但最後仍走向日薄西山的處境。

大致來說，它涉及的原因可能有以下三項。首先，改變使這個國家長久成功的體系，這件事原本就非常困難。

認為「我們就是這樣成功的」這種想法，將使一個國家沉浸於過去的功績，耽溺於危險的惰性，加上一個成熟的社會具有複雜多樣的各種結構，既得利益者對改革的反彈自然較大。再者，我們很難抹除掉一群人以過去的「成功」記憶所培養出來的價值觀與行動模式。

其次，揆諸論及「改革」的各個大國歷史，僅僅是知道需要改革什麼，如何改革就已很困難了，也就是說，尋求改革目標與計畫時的「易錯性」，加深了改革失敗、邁向衰退的機會。

從「事後諸葛」的角度看來，所謂「方向錯誤」的改革計畫，採用方法的錯誤屢見不鮮，但更常見的還有本應集中一兩項核心課題來改善，卻又加上了太多的「某某改革」計畫，導致分散改革能量，也無法讓國民團結一致朝向同一目標，甚至在國內造成許多無謂的社會對立。

第三，則是所謂的「戈耳狄俄斯之結」（Gordian Knot）。

一條繩子打上了很複雜的結，沒有人解得開。有人說只有一個方法解得開。這就像「哥倫布的蛋」一般，大家都沒想到「問題以外」的方法，也就是直接切斷這條繩子。

其實，在那個時代要遏止衰退，只有大家認為「不可能」的方法才是真正的對策。而且往後在各方壓力下被迫實行後，才發現比想像中容易得多。但如果周邊狀況已物換星移，也就錯失了抑制「衰退」的機會，這些解決方案將全數無效。這些例子在大國衰退的過程中極為常見。

二十世紀初的英國不斷強調「政治改革」、「行政改革」、「經濟改革」，甚至「社會改革」、「軍制改革」等等，在各個領域都高喊「改革」之聲。但這些改革的共通處在於：

①難以實行改革。

②很難找出應該改革的部分。

③難以找出「改革」論的立基點。

這三個障礙深深困擾著英國。

讓大英帝國「重振聲威」的重要關鍵時期，一般認為是在一八九〇年到一九一〇年為止的二十年。

進入二十世紀的頭幾年，面臨長期不景氣與波爾戰爭的失敗，加上浮現嚴重社會問題，更加導致社會各界深刻意識到多方改革的必要性，使得「改革」論甚囂塵上。波爾戰爭初期兵敗如山倒，為英國人帶來衝擊，也使「改革之必要」瞬間深植於英國人心中，使大英帝國邁入「改革論的季節」。

《每日電訊報》（*Daily Telegraph*）更有以下的清楚剖析：

> 波爾戰爭使英國人對國家的認識發生重大變化。現在我國對於改革充滿前所未有的真心誠意，竭盡全力且心意堅決，這點全體國民有目共睹。

而在一九〇一年底，王儲（後來的喬治五世）在演講中大聲疾呼「醒醒吧，英國！」（Wake up England!），各大報爭相引用，成為時代的標語。波爾戰爭對英國而言，已不僅僅是一個打擊，在新世紀伊始，更使人不禁思索英國在下一個世紀究竟能否存續，堪稱是一種近似於危機感的時代氛圍。

試圖改革的三個「自由派」

一八九〇年代，年僅四十七歲便在格萊斯頓之後擔任首相，隸屬自由黨的政治明星——第五代羅斯伯里伯爵（5th Earl of Rosebery），他雖然轉為「改革派」的旗手，但世紀末英國的「改革」，已不是如格萊斯頓時代那樣、類似進步自由主義那種奠基於理想的改革。

掌握了新世紀世界趨勢的羅斯伯里表示：「二十世紀這個時代，將成為無止境地追求領先，傾盡所有知識，進行殘酷國際競爭的時代。」這種對於新世代的危機意識，使各界開始疾呼大英帝國的合理化與效率化，也引發了並非傳統的理想主義，而是基於國家立場的新型態「改革」論。這樣的改革已超越傳統保守黨與自由黨之間的藩籬，而是整個國家的範疇，連爭論時的派別稱號都很混亂。

例如屬於格萊斯頓這一派的自由黨立場最左傾，過去被稱為「激進派」，此時卻被冠上「守舊派」（Great Conservative）的不堪稱呼；反而是羅斯伯里所率領的跨黨派成員中，屬保守黨年輕政治領袖（例如在關稅改革中）則有自稱「改革派」（Reformer）的趨勢出現。

至於「自由派」的稱呼則更加混亂。

眾所周知，「自由派」原本是指兩大黨之一的「自由黨」。但到了這個大改革時代，已經不再是指單一政黨。在此一時代，大致有三個「自由派」領導的改革論述。

首先在一八八〇年代，英國在討論是否給予愛爾蘭自治權時，反對黨主席格萊斯頓強行推動自治法案，率領一群人脫離自由黨，並自稱「自由聯盟者」（Liberal Unionist）。對許多英國人而言，所謂的「Union」是「大英帝國」的精髓，是帝國統治的核心，也就是應該繼續維持對愛爾蘭的統治。

這群「自由聯盟者」此後在一個生於一八三〇年代出身伯明罕的企業家約瑟夫・張伯倫的領導下加入保守黨，引領了世紀末英國的「政界重組」風暴。他們一直希望維持國民大眾的生活水準，同時對「促進英國產業活力復甦」的關心至深。他們也創先呼籲放棄自由貿易論，力倡以「關稅改革」為名的保護主義。

但另一個更需注意的「自由派」，是在時代趨勢下應運而生的「自由帝國主義者」（Liberal Imperialist）集團。他們不滿於格萊斯頓式的傳統左翼自由派思想，因此原屬自由黨，卻與部分保守黨人合作，計畫「籌組新黨」。

這群人的特色在於現實眼光與新時代的趨勢，尤其關注英國在世界上的立場，也就是因霸權國家被他國迎頭趕上的危機感。他們是被「帝國復甦」的意念所驅動的年輕世代，成為新的自由主義者，也就是被冠上「新保守」別號的「新自由」（New Liberal）。

大致而言，「自由帝國主義者」的領導核心，是娶了羅斯柴爾德家族千金為妻、也是賽馬中德比與雅士谷優勝馬主的羅斯伯里，以及繼任首相阿斯奎斯，以及第一次世界大戰時期的外交部長愛德華．格雷（Edward Grey）男爵等人，他們都生於一八五〇至六〇年代，是一群知識淵博且富有活力的貴族菁英。

他們雖為自由黨員，但在處處強調「世界史的趨勢」的世紀末歐洲現實狀況下，面對因應世界與國家動態而迎頭趕上的新興列強，他們號召英國的國力復甦，和維持大英帝國霸權為首要目標的愛國使命感，引領新世代大刀闊斧的改革。

不僅是自由黨，他們的理念也引起了保守黨內許多年輕世代的共鳴。當時保守黨的第一號人物如前述的亞瑟．貝爾福（一八四八年生）等人，早已與同世代的羅斯伯里理念相符。年輕的邱吉爾（一八七四年生）也在此時離開保守黨，投身此一陣營，後來在自由黨內成立了「自由聯盟」這個派系。這個「自由帝國主義」派雖然以擁護「自由貿易」為號召，但相較於古典自由主義，他們更強調「國家」觀念，認為英國在所處的國際情勢與新時代的「歷史要求」之下，需要更加重視國家與國力的效率。

而第三個「自由派」則是自外於以上兩大集團的「真正自由派」，也就是「守舊派」的自由黨員。他們以傳統的自由主義立場，重視「個人」甚於「國家」，以及重視「小英國」（Little

England）甚於帝國的擴大與維持。當然，他們明顯屬於舊世代，在「高風亮節」的高貴蘇格蘭騎士甘貝爾・班納曼（Campbell-Bannerman）（一八三六年生）的號召下，極力反對波爾戰爭，力主傳統的自由放任主義（*laissez-faire*）教條，堅守反軍國主義、反帝國主義的立場。

如前述（第六章），生長於威爾斯鄉間、學歷不高但胸懷大志的勞合・喬治（一八六三年生），在英格蘭菁英的圈子裡一向被視為「異邦人」，因此只有這一派能夠容納他。

另外，立場最右的保守黨之中也有「守舊派」的存在。他們自負於正統派保守立場，皺著眉頭對這股「改革熱」冷眼旁觀。堅信「改革是左派做的事，我們插手只會讓整個秩序大亂」的索爾茲伯里（一八三〇年生）和希克斯・畢奇（Hicks Beach）（一八三七年生）是「老人」的典型，總是冷漠看著「改革熱」。而他們離去後的保守黨在「自由貿易」和「保護主義」之間搖擺，使整個黨一分為二，年輕的領導人貝爾福除了勉強維持黨內團結之外，無法有其他作為。

執著於招致衰退的「理念」

當大國衰退時，對於在過去漫長的榮景與成功中維持領導地位的意識形態與價值觀的態度，暫且不論表面如何，至少在實質上，人們的態度通常已開始產生劇烈的變化。

在十九世紀「不列顛治世」的鼎盛時期，長年以來英國人的主流價值觀為個人主義與自由放任主義，採取抑制軍備與「小英國」為特徵的「古典自由主義」。

人們始終相信是這個意識形態使得英國繁榮，獲致目前的大國地位，也深信「自由主義」是個很高尚的理念，同時極具道義。在堅信理念的正確帶來富強這一點上，英國在「理念」與「效率」之間保持最適當的平衡，臻至兩全其美。

但在一八七〇年代之後，這樣的「兩全其美」逐漸動搖，特別是他國的經濟競爭力與技術開發等逐漸威脅到英國的地位時，英國人更深感「理念」與「效率」難以兩全。但對於一個曾經是霸權大國的國家而言，很難輕易檢討調整「理念」。長期以來，儘管具過渡性質的「自由主義」有些缺乏效率，卻已是英國難以替代的一項價值，這強化了英國對「理念」的堅持。

對於一八八〇年代開始出現的「衰退」論，除了浮現「英國並未衰退」的衰退否定論之外，許多英國人也提出許多反對意見，認為應優先堅持「理念」，並認為即使在某些部分的「效率」上英國遭受世界各國挑戰，但只要在那些部分稍加「改良」即可安然度過。這個結論將「改良」視為一種儀式。這樣的態度與想法，層次上與清末中國的「洋務運動」十分相似，認為既然西方的軍事力量優於我們，那麼只要在特定的技術領域加以改革即可。

但此後隨著時間經過，一旦衰退的事實日漸明顯。到了超過某個極限、也就是戰爭屢戰皆敗等重大事件發生，他們才終於意識到已不能再固執於「理念」，從各種制度到背後的價值觀，都必須大刀闊斧地改革。因此在「理念」與「效率」的矛盾之上，更明顯傾向「效率」優先。

或許我們可以從中國由於甲午戰爭的敗北，而從「洋務運動」轉為「維新變法」的例子來比較。因波爾戰爭而造成「改革論」的沸騰，「全面改革」的聲浪響徹全國，表示英國也進入了與中國類似的階段。

如此一來，支持著「不列顛治世」鼎盛時期的古典「自由主義」這個「理念」，明顯地退居守勢。但也意味著「大國衰退」的矛盾情結真正襲來。數十年前（一八七三年），倫敦《經濟學人》雜誌的著名評論家沃爾特·白芝浩就如此預言了英國的命運：

> 大國特有的危險，在於無法修正自己所創造出來的偉大制度與價值觀。

當有些人開始高喊「效率重於理念」，準備大刀闊斧勵行改革時，在各個層面卻遇到「這樣一來，英國就不再是英國」的頑強抵抗。然後逐漸明白，若不做可能「動搖國本」的「大改造」，就無法達成真正的改革。而通常「改革」將會轉換為「革命」。中國從「維新變法」到

「辛亥革命」以來十數年的發展過程就是如此。

但富裕而成熟的現代社會英國，卻無法選擇「革命」這條路。大國特有的另一危險性，在於像是「歷史的作弄」般，在某個時機將因為某個意料之外的事件，使國民極為關注國家的改革。況且，一個對世界上的紛爭與危險無法袖手旁觀的霸權大國，另一大弱點在於因為對外戰爭的打擊，使「改革」變為一種政治語言，最後將遺忘「改革」的本質。

在英國，前者於一九〇五年展開的改革成效不差，有如「曇花一現」；後者則是第一次世界大戰。戰爭結束時，面對截然不同的景況，卻認為「我們就只有這套制度與價值觀」，棄械投降，而再次轉向對「理念」的堅持。

如此一來，「改革論的季節」也形同終結。

德國熱與日本熱

那麼，在二十世紀初那「決定性的十年」，富有活力的英國年輕「改革派」們，究竟主張什麼樣的具體改革措施，又為何遭遇挫折呢？他們其中一項代表措施是「國家效率運動」

（National Efficiency Movement）這個以自由帝國派為中心的跨黨派運動；另一個是由張伯倫主導，倡導脫離「自由貿易」的「關稅改革運動」（Tariff Reform Movement）。

特別是前者，由有「新保守」之稱的羅斯伯里等自由帝國主義領袖為首，加上利奧．艾默里（Leo Amery）等年輕保守黨員，以及採取穩健社會主義的費邊社（Fabian Society）的韋伯夫婦（Sidney and Beatrice Webb）、劇作家蕭伯納（George Bernard Shaw）、H．G．威爾斯（H. G. Wells），有時哲學家羅素（Bertrand Russell）也會參與，成為一個有許多文化界人士加入的一大思想與政治運動。[1] 他們大力呼籲如西利所提倡的「整合大英帝國」，在全世界實現政治、行政、經濟、教育、福利、軍事上等廣泛的「英國重生計畫」，引領著改革風潮。

羅斯伯里在一九〇二年三月曾如此敘述「英國重生計畫」的中心思想：

> 效率（efficiency）是指為了我帝國之重生，國民在各方面的追求提升。包括議會、行政、經濟、教育、福利、道德、海軍甚至陸軍等各個方面，都必須追求效率。因此，我們必須培育有價值的素材（也就是人），投入帝國的重生。[2]

自由主義的卓越智囊之一，後來創設「地緣政治學」這個國際政治學領域的麥金德

（Halford Mackinder）便如此一語道破：「國家真正的力量，在於該國的勞工、思想家、官兵以及母親。」

強調「效率」的運動牽涉層面甚廣，之所以特別重視「人力資源」，是因為當時英國教育水準低落，加上社會秩序散漫，家庭功能不彰等等，這些將對經濟競爭力與官兵素質的維持構成一大阻礙，也導致霸權動搖。而英國菁英會出現這種看法，原因在於德國帶來的觀念。

簡而言之，「國家效率運動」源自於與他國、尤其是德國的競爭，因此必須徹底剷除英國落伍的制度、觀念及社會習俗，重新組織整個英國社會，才能達到足以與德國抗衡的程度。

在「德國熱」的餘波蕩漾之下，日俄戰爭後，「效率派」者又高喊「效法日本」。

韋伯夫婦認為，日本的勝利源自於對「自由放任主義」的「規範」（regulation）與「集團化」，並秉持社會主義觀點，只擷取對本身有利的部分。而H．G．威爾斯在回應湯瑪斯．摩爾（Thomas More）的作品《現代烏托邦》（*A Modern Utopia*）中，將該烏托邦的統治階級稱為「武士」（Samurai）。

一九〇五年，作家阿佛烈．史戴德（Alfred Stead）出版了《大日本：國家效率之研究》（*Great Japan: A Study of National Efficiency*），並請羅斯伯里作序，他在其中對日本成功的主因給予高度評價：「日本具有優秀的愛國主義與追求完美的精神，且拒絕政黨政治。」[3] 雖然英日皆屬同盟國，但過去視它為東方一個完全迥異且未開化國家，如今卻給予如此奇特的稱讚，可發現不斷努力摸索「帝國重生」的英國效率派被逼到絕境的危機意識。同時，如同羅斯伯里對「政黨政治」的否定，從事改革當時遭遇堅拒改革的「議會制」這一大阻力，而導致改革停滯，也使改革派有深陷困境之感。

未能付諸實行的議論

此時，英國也開始重視近代國家發展與競爭力的關鍵，也就是提升行政效率與教育水準。提升的不二法門在於「科學」，於是當局設立皇家調查委員會（Royal Commission），一手包辦政治與行政責任，也討論是否設立「科學部」。但「科學部」將讓科學家這些「專家」以議會的政治家所無法理解的「高深知識」壟斷行政，「把不懂的人唬得一愣一愣」，甚至讓政治家懷疑他們將介入議會預算權限，使得科學部的創立一事不了了之。英國與「議會」這個國家體制的主幹，現在卻成為改革的一大阻力。

英國若不在政治、行政、經濟、教育、福利、軍事等各方面進行改革，將無法達成國家再造與提升國際競爭力的目標。然而改革需要「預算」，也就是巨額的財政支出。「效率運動」

沒有注意到財政問題這個決定性的「環節」。

當時英國的外交路線，是逐步建構對德國的包圍網。雖然維持了原有海軍的優勢，但若不努力建設能對抗新興大陸國家強大的近代化陸軍勁旅，便無法壓制德國。但以當時的政治常識而言，為了支應這筆龐大支出所需的增稅，如果不能完全推翻原有的體制，就根本「辦不到」（out of question）。如此一來，包圍德國這個外交路線其實缺乏財政上的支持，因此是極為危險的。

因為此一路線將必定使德國在海上追求與英國對等的軍事力量，同時加強部署在歐洲大陸上的優勢軍力，誘使各國打破三國協約的包圍網。此外，為了追上德國，擴張軍費增兵的法俄兩國也興起提前開戰的念頭。

對德施展外交包圍並未能成功抑制德國擴張兵力，因此擴大財政支出為陸軍增兵，已屬必要。在平日，這種財政結構的大幅轉換以英國的性格而言，是「辦不到」的。一個已經缺乏足夠力量的霸權大國，也就可能因此轉向封鎖政策。

至於與「財政」相關的另一項目，則是改革派最大的「要害」，也就是「自由貿易」。其實，「自由貿易」這一點，才是高度重視維持自由貿易的「自由帝國主義者」，與站在產業界立場、認為推動國內各項改革之餘也應加以保護的張伯倫等一派的唯一最大分歧所在。而「自由貿易」也是左翼的「守舊派自由主義」與「自由帝國主義者」唯一的連結。但這樣的同盟，毋寧是「同床異夢」。「守舊派自由主義」認為自由貿易是人道國際主義的一大支柱，但「自由帝國主義者」卻認為自由貿易是逐漸倒向國際金融的大英帝國霸權的經濟基礎。

明確展現此一狀況的，是與羅斯伯里密切合作的地緣政治學家麥金德在一八九九年於倫敦銀行協會舉辦的演說。麥金德認為，應區別產業界與金融界的利害關係，英國產業面臨嚴峻的競爭，甚至可能早晚會在國際競爭中出局。世界經濟的大趨勢是經濟力量的「三極化」（也就是競爭的結果，將使世界經濟中心分為幾個極），以及經濟活動的「均一化」而形成全球化經濟，難以抵擋。而金融、資訊中心等主宰經濟的「首腦」才是稱霸世界經濟的戰略據點，能控制金融與資訊的人，才能在國際競爭中勝出。[4] 因此，製造業的競爭不該「小鼻子小眼睛」地只做「以幾碼為單位」的爭奪，應該透過掌握金融與資訊，用狩獵民族的觀念占領自己的「據點」，如此才是自由主義式的「戰略思考」。

但接下來英國面對的，卻是產業空洞化導致人們活力的枯竭，也就是最核心的「衰退」這個無底洞。麥金德發現這點後，毅然拋棄自己在自由黨內的光明政治前途，轉向保護貿易派，並開始主張英國資本家競相赴海外投資設廠一事將導致英國母國失去許多貿易商機，造成社會萎靡與降低國民教育水準，引發廣大移民潮，最終導致帝國「人力資源」的弱化。他承認了自身曾倡導自由主義的錯誤。

在維持帝國「人力資源」活力的同時，以關稅收入確保國內改革的財源，更重要的是維持製造業的基礎，這正是張伯倫等主張「保護主義」的改革派最大訴求。但此舉同樣面臨巨大的阻力，那就是自由貿易這個「理念」在英國民間滲透層面之廣，早已盤根錯節。此時，年輕的邱吉爾犯了當時英國政壇的大忌之一，就是離開一個黨（保守黨），加入他黨（自由黨）（cross the floor），正是出於他對「自由貿易」理念的執著。

而大國霸權與繁榮的基礎最終仍在於「人力資源」，這點在此時的改革論逐漸成為重要論點。因此自由帝國派也同樣以「提升英國國民素質」的名義，訴求行政、教育、福利、保健、道德、思想上的改革。但他們仍沒有充分意識到，近代社會以製造業為中心的國內產業，才是真正大幅影響製造業這個基礎與其活力的因素。而且，無論是效率派與自由帝國主義派，都沒有關注到實施大幅改革所需的「財源」問題。

對財政緊縮的反動

另外，張伯倫等保護貿易派也沒有發現，已處於成熟期的英國經濟若模仿處於成長期的美國或德國等採取保護關稅制度，將造成與自由帝國主義派同樣的結果，導致英國產業失去活力，甚至引發「對內的空洞化」。

的確，在維持住製造業的同時，以保護主義所得的關稅收入作為社會改革的財源，才是帝國復甦不二法門的「保護貿易派」（Liberal Unionist），這或許比一直未認真面對改革財源問題的「自由帝國主義派」更為實際。但亟欲獨立的加拿大與澳洲等「殖民地」也不願意為了英國，而必須付出高額關稅購買美國製品。

其實，「財政」才是英國復甦的一大關鍵。

但是在外交上，英國為了對抗「德國的威脅」，捨棄「光榮孤立」，建立英法俄三國協約路線，結果卻「邁向世界大戰之路」，可以說最大原因在於「財政」考量。如前述，戰爭爆發前的英國將建立足以制衡德國——也就是讓德國人體認到在歐洲開戰沒有勝算——的龐大陸軍這個選項「排除在外」。恐怕「財政」的考量是決定性的因素。

但與法俄合作的英國，若朝著縮小對德包圍網的方向前進，恐怕將無可避免地被捲入原本想要避免的大戰。諷刺的是大戰一爆發，英國就立即組成數百萬的龐大陸軍，前仆後繼地投入悲慘的壕溝戰，這「睿智英國的一大愚行」實在太過怵目驚心。

但「財政」對英國造成的衰退，卻與其他衰退的霸權國家不同，不在於「財政赤字」，而是財政部與政治人物「不能增加財政赤字」的一種「強迫性觀念」，這才是改革失敗的主因。也就是說，這種「財政赤字妄想症」使英國盡可能排除必要的改革與帝國未來可能的花費。各種社會改革計畫，以及為維持帝國所需的軍事費用增加，在當時英國財政部的一片「削減」之聲中，也常被批判為「財政專制」（Tyranny of the Treasury）。

確實，像這樣不斷「財政緊縮」的作法，菁英們保護國家的想法都是「再增加花費，恐怕國家會破產」，但恐怕這才是「衰退的源頭」。他們缺乏使國家復甦的歷史視野，充滿了實務型菁英所特有、認為「歲入無法再增加」這種先入為主的觀點。因此英國許多社會改革計畫都胎死腹中。或許我們應該考慮到，英國是一個「議會」與「土地貴族」的國度，這形成關乎國家根本的巨大障礙。

若要籌措改革所需的財源，就必須包含對大地主增稅等徹底的稅制改革，但英國議會，無論在直接或間接層面上都無可避免，仍舊是「貴族地主的灘頭堡」。也就是說，英國除了「革命」之外，無法突破這層障礙。

「社會活力枯竭」、「自由貿易」爭論，加上「財政」因素，這三大障礙使得能夠促進帝國復甦的改革盡皆失敗。換言之，或許因為這些都是超過當時英國菁英在知識與政治上能力的極限，因此「無法解決」的問題。

然而，這個「戈耳狄俄斯之結」卻被一個完全意想不到的方式切斷。解開這個結的不是「保護貿易派」，也不是「自由帝國主義派」，而是被世紀末改革風潮逼到絕境的「守舊派自由主義者」，可說是「對改革的一大諷刺」。這位靈魂人物是出身於威爾斯煤礦區貧民窟，也就是英國史上的政壇「孤鳥」——勞合．喬治。

關於改革的議題雖是一大政治主軸，但勞動階級對於改革的意見「不要奪走我們便宜的麵包」卻未受重視。在檢驗「改革」爭論的一九〇六年大選中，主張保護關稅的張伯倫等保守黨一派慘敗。新執政的自由黨內閣將改革的主軸大幅左傾，在徹底反對波爾戰爭的名義下，勞合．喬治不斷疾呼一個作為「人民之友」（People's Friend）的「福利社會」理念，並獲得財政大臣的職位。勞合．喬治主導了一九一〇年以「人民預算」（People's Budget）為名的社會改革，動員群眾對上議院土地貴族施壓，以左派新勢力的激進手段進行「實力壓制」型的改革，或許可以說是一種「革命」。

這也就是過去僅被執政菁英只視為「人力資源」的常民大眾的「怒吼」，終於動搖了推動改革的巨大阻礙。

像當時英國這樣日漸成熟的大眾社會，過去改革派菁英施行「由上而下的改革」，恐怕還是忽略了許多歷史脈絡。也因此他們的改革論在遇到「阻礙」時窒礙難行。而在面臨由大眾推動「由下而上的改革」時，菁英們又缺乏觀照以下兩個課題的視野。那就是「維持國內產業活力」的重要性，以及「國際關係」的困難。勞合・喬治所發動的「由大眾來為大眾改革」的路線，卻在第一次世界大戰中面臨難以為繼的命運。

第九章

悲傷的大戰

「在人類史上，無論是什麼樣的帝國，如果失去了支撐其中心思想和信念的統治菁英，便沒有仍能長久存續的例子。」

——沃爾特・李普曼（Walter Lippmann）

第一次世界大戰的烙印

對英國的衰退來說，第一次世界大戰帶有濃厚的悲劇色彩，與戰爭的本質一樣。倫敦市區的「特拉法加廣場」與「滑鐵盧橋」，以及「不列顛戰役紀念碑」等，許多紀念碑與建築物都紀念了英國勝戰的光榮。

但是，要說紀念第一次世界大戰最具代表性的紀念碑，卻是在離政府機關林立的白廳（Whitehall）稍遠的地方，一座樸實無華的石塔——陣亡者紀念碑（Cenotaph）。「Cenotaph」一般是指「衣冠塚」之意。也就是說，這個象徵第一次世界大戰的紀念碑，並不是「戰勝」，而是令人愕然的「服喪」。這個紀念碑的揭幕儀式上所唱的讚歌是：「主啊，請救贖我們過去的日子！」可見「悲傷的一戰」這個烙印，已永遠銘刻在英國人心中。悼念毫無意義、大量陣亡的「悲傷」，才是英國在第一次世界大戰的關鍵詞。

有關第一次世界大戰的英軍陣亡人數，雖沒有確實的統計（尚未統計完畢便爆發第二次世界大戰，加上納粹德國對英空襲造成資料燒毀），但粗估高達約九十萬人左右。當然這是英國有史以來未曾發生過的大量傷亡慘劇，更需注意的是，第二次世界大戰英國官兵陣亡人數約三十九萬七千餘人，尚不及一戰的半數。戰爭期間前者為四年，後者為六年，且二戰不僅在歐洲，北非與東南亞也是主戰場，但陣亡人數卻比範圍僅限歐陸的一戰減少許多（而德國的陣亡者，一戰為一百八十萬人，二戰卻暴增到三百五十萬人）。

對英國人而言，死傷慘重的第一次世界大戰，是一個充滿「悲傷記憶」的悲劇。

而這次大戰，也是一部包含「帝國落日」的壯烈史詩，與揭開英國「苦難的二十世紀」序幕的歷史劇。參戰的許多英國人秉持純粹為國奉獻與自我犧牲的精神，再與「紳士精神」結合，加上對中世紀「戰鬥理想」遺風的憧憬，在這些意念交織下的人們，與只是「咬緊牙關」忍受所有痛苦的二戰大不相同，上演了許多動人故事。

但造成一戰「悲劇」的，是「浪漫」與「悲慘」、「高貴」與「不負責任」、「野心」與「純真」等人世間無可避免的諸多矛盾。在戰場的催化下，人性中許多「良善」的一面，到最後都被消磨殆盡，有如一場又一場的「幻滅」。這種「幻滅」不僅在個人層面，也在大英帝國的精神層面。

大戰後，帝國再也無法恢復往日榮景。大英帝國儘管「戰勝」了，卻往「衰退的下坡路」加速前進，無法回頭。

諷刺的是，大戰本身正是帝國最大的悲劇。

民間歷史家詹姆斯·莫里斯（James Morris）認為，「不列顛治世於一九一四年八月告終」。

如果「不列顛治世」指的是「英國帶來的和平」，那麼的確如此。

然而，當時的國際局勢早已不是什麼「英國帶來的和平」。因為海峽彼岸作為世界中心的歐洲大陸的安定，也只是倚靠列強之間微妙的權力平衡維持，並且是由日漸強大的「軍事力量均衡」來維繫。同時，軍事力量的焦點也逐漸轉移至英國在歷史上向來最弱的一環、而且總是試圖避開的陸軍大規模動員戰。

囿於「除了包圍德國別無他法」這種強迫性的觀念，使英國本身也被自己「圍困」在強大的軍事對峙網中，導致了這場命運般的「悲傷」大戰。

勢力的均衡一旦被破壞，很明顯地，將會造成「巨大的悲劇」。

這個命運大約在大戰前十年就已經鋪陳出來。德國的強大，在歐洲以外等地侵門踏户，都使大英帝國「倍感威脅」，只好將自己的勢力伸入狹小的歐洲。雖然並未採用激烈手段，但英國確實曾試圖透過軍事、外交、經濟等等，全方位地抑制、壓迫德國。

英國的手段之一，就是聯合與德國激烈對峙的法國，締結一連串的軍事同盟（一九〇四－一九一一年）。因此當德法發生軍事衝突時，英國便自動站在力量較弱的法國這一邊，也必然被捲入歐陸的大規模地面作戰。但英國缺乏加入同盟所需的軍事基礎（強大的陸軍兵力），便踏上這條「命運之路」。

換言之，在全球有廣闊疆域的大英帝國之命運，幾乎就完全賭在前途未卜的歐陸作戰。這也是大英帝國的「悲劇的核心」。

戰爭於一九一四年八月爆發，龐大的德國陸軍勢如破竹地通過比利時，直搗巴黎。九月四日，法軍趁德軍在巴黎近郊馬恩河畔暫停突進的空檔加以「反擊」成功，若沒有發生這樣戰史上罕見的「奇蹟」，恐怕法國將遭攻破。無獨有偶，同年十月德軍一翼再度南下到英吉利海峽對岸、法比國境的伊普爾時，若無英國派遣軍的頑強抵抗，恐怕巴黎也將被攻陷。

這場「伊普爾戰役」之激烈，就如檔案照片上所呈現的那般，場景荒蕪。對於這群以「紳士的理想」與愛國的一腔熱血，夢想著一場英雄之戰，而加入志願兵的英國青年而言，他們面臨的是近代戰爭超乎想像的苛酷洗禮。後來指揮二戰的最高潮「第一次阿拉曼戰役」與「諾曼第登陸」，與艾森豪同為聯軍英雄的伯納德・蒙哥馬利（Bernard Montgomery），也是被這場「伊普爾的洗禮」所震懾的其中一位年輕人。

加里波利的悲劇——大英帝國的「瓜達康納爾戰役」

一九一四年的耶誕節到來了。當初許多英國人深信，到了這時候就能凱旋歸來。然而，法德邊界的西部戰線陷入膠著，戰事走向長期化的壕溝戰。

西部戰線的膠著與鄂圖曼土耳其帝國加入德國陣營，使英國人開始發揮「帝國的本能」。攻打長期位於「通往印度的要道」的鄂圖曼土耳其帝國，對於有意擴張帝國領域的英國人而言，可以同時激起他們的「浪漫情懷」和領土慾望。無論如何，為了提高戰時的全民鬥志，英國的戰時領導部門需要一個像「特拉法加」或「滑鐵盧」這樣的英雄戰場。

而這位發揮「帝國本能」的代表人物，當他爬到相應的地位時，也是「加里波利的悲劇」的開始。他就是當時的海軍大臣邱吉爾。

開戰之時，具備當時世界最大艦隊的英國也在港區監視待在港內、遲遲不出擊的德國海軍，並實施北德沿岸封鎖任務，這也是一種形式的「海上壕溝戰」。此外，邱吉爾心中還想著，由納爾遜率領帝國海軍（Royal Navy）揮軍廣大的東方戰場，向敵方主力進擊，主力艦隊長驅直入達達尼爾海峽，一舉攻占首都君士坦丁堡，擊潰鄂圖曼土耳其，再從背後夾攻德國。這個孤注一擲的戰略構想充滿難以抗拒的魅力。他期盼演出這場浪漫與光榮的「戰役」。

對於受正統希臘古典教育、深具知性涵養的英國菁英政治家而言，「達達尼爾」一詞具有無窮魔力，誘使他們進入「薛西斯」或「尤里西斯」等英雄史詩世界。畢竟，看盡古代英雄興衰故事的特洛伊遺跡，就位於達達尼爾海峽入口。

一九一五年三月十八日，海軍大臣邱吉爾不顧第一海務大臣（First Sea Lord）約翰・費薩爾（John Fisher）等職業軍人的反對，擅自決定投入加里波利之戰。

由具有高聳指揮塔的英國海軍最新、最強巨大戰艦《伊莉莎白女王號》（HMS Queen Elizabeth）率領二十二艘無畏艦（Dreadnought），掛上「白軍艦旗」，從特洛伊外海轉入達達尼爾海峽，這般光景實在太過壯麗，有如一場夢境。然而，海峽平均寬度約僅三英里，許多地方設有水雷，一九一五年的達達尼爾海峽兩岸更設有綿延數十公里的堅固要塞防禦工事，該如何突破呢？這種採取大時代隊形、從正面進入海峽的英國艦隊英姿，充滿了食古不化的錯誤時代感，似乎也象徵著二十世紀的大英帝國。

正如預期，艦隊船舵遭水雷炸毀，在狹窄的海峽呈弧形漂流，海洋號戰艦淪為兩岸砲擊與機槍掃射的目標，讓其他艦長大驚失色。這一天，英國海軍在海峽入口附近折損三艘巨大戰艦，決定放棄作戰。

但真正讓英國飽受挫折的，是他們原先以為那些膽小的東方人（Orientals）只要一看到帝國海軍的壯盛軍容便會聞風喪膽，跪倒在大英帝國的尊前。然而，他們經過數個世紀驗證的「帝國聲威」至今卻蕩然無存。距今三十三年前，艾哈邁德・阿拉比（Ahmed Urabi）率領腐敗至極的土耳其軍隊占領埃及要塞亞歷山大港時，英國海軍只發砲幾次便能攻下。但這次由凱末爾·帕夏（〔Kamel Pasha〕，即土耳其國父凱末爾〔Kemal Atatürk〕）所指揮的土耳其海峽駐軍，已不可同日而語。

真正的「加里波利」悲劇，如今才正要展開。

得知艦隊無法入侵海峽的英軍，便指揮陸軍從海峽西岸的加里波利半島上岸，意圖藉此控制海峽。指揮這場作戰的伊恩·漢密爾頓上將（參照第六章）是經歷過阿富汗、緬甸、蘇丹及波爾戰爭等十九世紀末英國陸軍各主要戰爭的將領，也是一位「紳士」。人格高潔並重視傳統與勇氣，應對進退極為得體練達。在此十年前，日本才邀請他擔任日俄戰爭的觀戰武官，受到日本陸軍將領們一致尊敬。

地位有如「英國的乃木希典」的他，戰法是讓陸軍主力第二十九師從半島最南端的海麗絲岬（Cape Helles）登陸，「孤注一擲」前往半島北方。並且為了掩護與協助主力，也派遣從遙遠的北方登陸的 ANZAC 部隊（即澳洲、紐西蘭軍團）。

今日提起「加里波利」，必定聯想到澳紐軍團（ANZAC 部隊，Australian and New Zealand Army Corps）。這也構成了「加里波利悲劇」的故事主軸。這些士兵不明究理地投入了這場與自身國度距離遙遠的戰爭，隱忍英國人的輕視態度與一板一眼的軍紀，登陸荒涼的加里波利海岸，卻馬上遭到埋伏的鄂圖曼軍隊從高處以猛烈砲火攻擊。這個後來被稱為「Anzac」

加里波利之戰——達達尼爾海峽圖

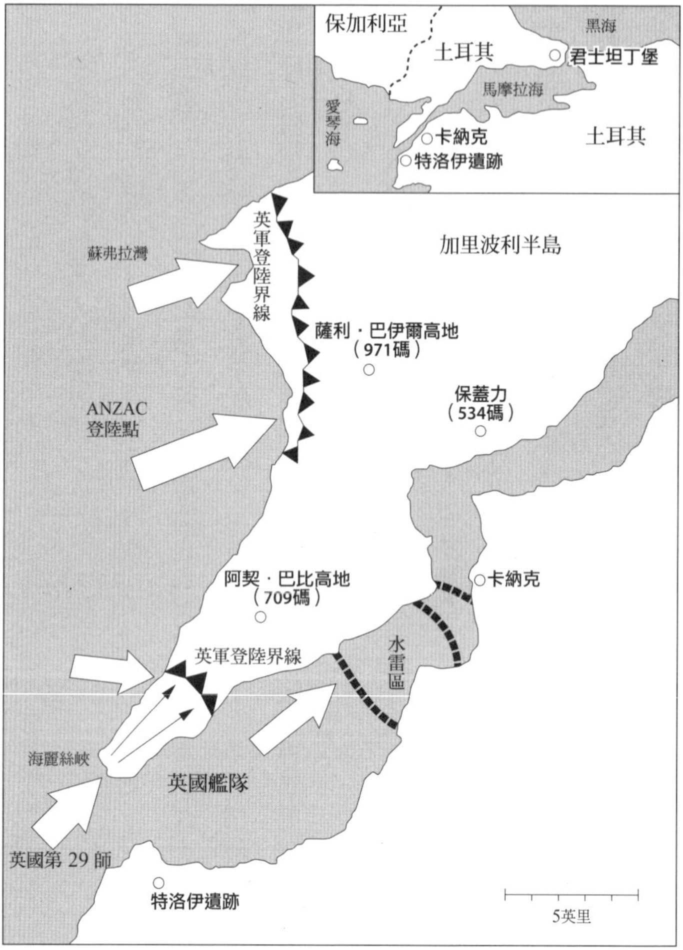

海岸的地方，當時有三萬澳紐軍人四處竄逃，血流成河。一直到撤退前，澳紐軍團都在狹窄的海岸飽受砲擊與病魔折磨，長達八個月，即使僥倖生還，也帶著一生難以癒合的心靈創傷活下去。

時至今日，澳洲人一提到「加里波利」，就是「悲傷」與「哀悼」的代名詞。對於夜間看著海上我方醫療船的燈光，卻只能在岸邊懸崖嚥下最後一口氣的許多澳洲士兵而言，加里波利就有如「瓜達康納爾」*對日本士兵的意義。

當然，主力的英軍也受到嚴重損傷。但他們與澳洲人不同，選擇對這場悲劇噤口。二戰後擔任英國首相的克萊曼・艾德禮（Clement Attlee），以及在英帕爾戰役（Battle of Imphal）擊退日軍的指揮官威廉・詩利姆（William Slim）將軍，都隸屬於該次戰役的英軍主力部隊。八月，主力部隊在參謀總部建議下從更北方的蘇弗拉灣（Suvla）登陸，雖然犧牲許多官兵，但一度得以突破敵方戰線。然而，在遠方海域的「伊莉莎白女王號」指揮塔上運籌帷幄的漢密爾頓把實際指揮權交給屬下，失去了時機。這些都記錄在他每天的日記裡，在他那整潔的房間被悉數

---

* 瓜達康納爾戰役是第二次世界大戰的一場海戰。一九四二年底，以美國海軍為主的盟軍與大日本帝國軍隊在索羅門群島對峙一個月，最終阻擋了日軍攻勢，此後盟軍在太平洋戰場正式展開反攻。這場關鍵戰役堪稱是日軍從戰略優勢走向劣勢的轉折點。——編註

寫下。

八個月的作戰期間，投入超過五十萬兵力，其中死傷高達二十六萬人。只有該年底趁著夜色昏暗、在海岸上救出生還者的撤退行動奇蹟般地成功，倫敦以「勝利轉進」（complete evacuation）的字眼報導該次行動。加里波利對於大英帝國整體而言，猶如一場「瓜達康納爾戰役」（Guadalcanal campaign）。

忘卻納爾遜的英國海軍

在近東發生「加里波利悲劇」的同時，在英國國內，因報了「戈登之仇」奪回喀土木，以及波爾戰爭一役成為國民英雄的基奇納元帥，當上了陸軍大臣。他頒布了戰前無法想像的措施，那就是為配合歐陸的現代戰爭，英國將建置史無前例的大規模「國民陸軍」。此時，帝國主力的英國海軍仍在封鎖德國沿岸，等著與艦隊決戰。

一九一六年五月，機會來了。深信如果不經歷一場類似拿破崙時期的「特拉法加海戰」便無法取勝的海軍年輕將領，一聽到「敵方艦隊出擊」的消息後大為振奮，日德蘭海戰（Battle of Jutland）的序幕於是揭開。

發生於丹麥西方海域的日德蘭海戰，是第一次世界大戰英德主力艦隊最初、也是最後的交鋒，同時也是海戰史上最後一次互相以艦隊主砲瞄準敵艦攻擊的古典式艦隊對決。一九二〇年代後的海戰，飛機空中作戰已占據優勢，「納爾遜時代」永不復返。

日德蘭海戰前，英國海軍明顯具有優勢。在英國大艦隊（Grand Fleet）總司令約翰・傑利科（John Rushworth Jellicoe）的指揮下，二十八艘無畏艦與九艘巡洋艦的陣容，要對抗萊因哈特・舍爾（Reinhard Scheer）率領的德國公海艦隊（*Hochseeflotte*）十六艘無畏艦與五艘巡洋艦。但德國海軍有較快的速度，以及潛水艇（U-boat）的協同作戰等優勢。

五月三十一日拂曉，接獲「發現敵艦」的消息後，包括從蘇格蘭北方斯卡帕灣出港的大艦隊主力，以及由大衛・貝蒂（David Beatty）率領的高速艦隊在深夜率先出擊。而德國弗朗茲・馮・希佩爾（Franz Ritter von Hipper）的巡洋艦隊也率先出動，在北海上朝北北西方向前進。過了中午，兩支艦隊都在不斷監控敵艦的出現。下午三點半，貝蒂確認到希佩爾的艦隊後，便從一萬五千碼的距離展開砲擊，但光是前哨戰，就發生了英軍未預料到的嚴重損害，「瑪麗女王號」（HMS Queen Mary）與「不倦號」（HMS Indefatigable）都在一開戰便中彈沉沒。

在「雄獅號」（HMS Lion）指揮塔上的貝蒂只能念著「可惡，我們的艦隊似乎不太對勁」，同時發現德國的穿甲彈威力與化工業都比英國強上許多，加上光學技術差距，德國的測距儀與砲術準確度都遠超過英國海軍的預期。

兩艦隊交火到四點半，貝蒂發現率領十六艘無畏艦的舍爾主力艦隊出現在希佩爾後方，並企圖將德國艦隊吸引到傑利科率領的主力艦隊後方。但貝蒂沉迷於與希佩爾的砲戰中，未將消息回報給傑利科。

晚間六點，傑利科發現夕陽西下的海平面彼端逐漸靠近的貝蒂艦隊砲擊聲，開始猶豫是否轉為戰鬥隊形（為使我方主砲能全部朝向對方攻擊，所有艦艇成一直線）而陷入「世紀猶豫」。而傑利科坐鎮在大艦隊「鐵公爵號」（HMS Iron Duke）上，感受到大英帝國國運懸此一戰，只能不斷呼喊：「誰能告訴我，到底是哪裡在打？」

為躲避敵方水雷攻擊，排成圓形往東南東前進的十數艘英國主力艦隊，若呈戰鬥隊形以右方為軸排成一直線，往北北西前進，就會與近乎平行的德國舍爾主力艦隊拉近距離。但敵方的出現比想像中早，更不利的是，英艦正散開轉向時就遭到敵方集中砲火攻擊。而如果往左側成一直線，便會拉開與敵方的距離，使敵方有機會逃跑。傑利科陷入進退維谷的窘境。歷史學家羅伯特．布雷克（Robert Blake）認為：「近現代的歷史上幾乎找不到像這樣，單一人物必須在如此短時間內做出如此重大決定的例子。」[1]

的確，如果在擴大變換隊形的過程中德國艦隊現身，英國大艦隊將遭遇重大打擊，甚至一敗塗地，因此他們的猶豫，某些部分與「雷伊泰灣海戰」的栗田健男中將非常相似。至少他們不是採取如納爾遜般以一直線隊形向敵方進攻的戰法。或許，這種依賴不甚確定的情報與勝算，以求盡可能減低我方戰力損耗的思維，並不像是軍人，而是較接近軍事官僚。

六點十五分，傑利科決定採「安全策略」，命全體艦艇集中到左側。的確，大艦隊以大弧線出現在德國艦隊右方時，一度讓德國大吃一驚（傑利科在德國艦隊正東方現形，夕陽西下時，西方海平面德國艦隊的影子便會全數蓋住英艦）。當然舍爾在一瞬間便判斷與敵方距離甚遠，放出煙幕彈意圖反擊。就在此時，德國艦隊將傑利科的重要船艦直接擊沉，英國艦隊只得摸黑向南撤退。

海戰結果，英國損失十四艘艦艇（總噸數十一萬一千噸）與海軍官兵數千人；德國卻只損失十一艘（總噸數六萬二千噸），犧牲較少。而在六月一日中午，德國海軍返航母港亞德（Jade Bay）時，舍爾曾驕傲地宣布獲勝。

日德蘭海戰的勝負與意義實在難以定義。然而如貝蒂的例子，戰場的情報傳遞，以及英國海軍作為組織的功能，在還沒有無線通訊的時代，仍舊遵循「納爾遜時代」方式以帆船、旗語溝通。相對地，傑利科的慎重，自覺攸關帝國命運，而勇於做出現場指揮官應有「決斷」的活力，卻映照著「納爾遜時代」的遠去。這無疑是大英帝國台柱的英國海軍開始出現了某些徵兆：

日德蘭海戰圖

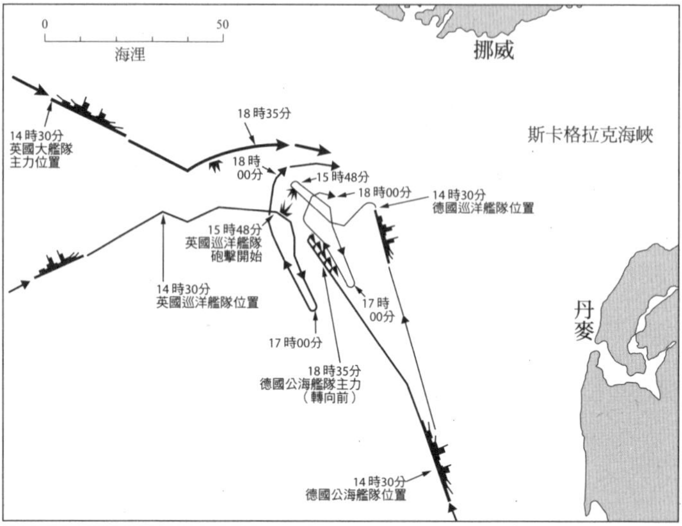
0
50
海浬
挪威
斯卡格拉克海峽
18時35分
14時30分
英國大艦隊
主力位置
18時
00分
15時48分
18時00分
14時30分
德國巡洋艦隊位置
15時48分
英國巡洋艦隊
砲擊開始
14時30分
英國巡洋艦隊位置
17時
00分
丹麥
17時00分
18時35分
德國公海艦隊主力
（轉向前）
14時30分
德國公海艦隊位置

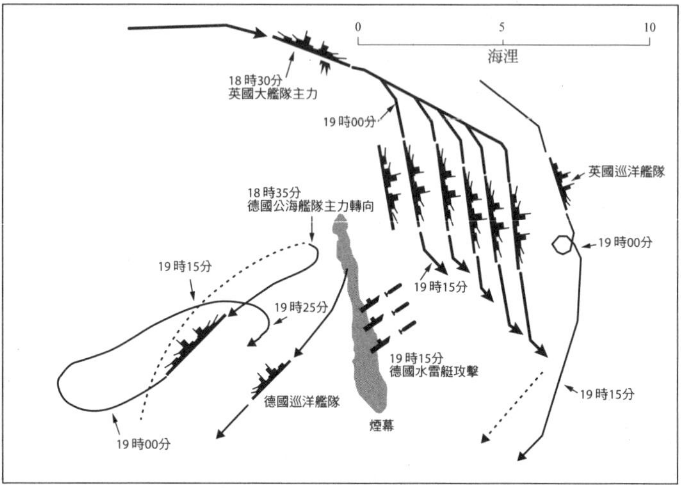
0
5
10
海浬
18時30分
英國大艦隊主力
19時00分
英國巡洋艦隊
18時35分
德國公海艦隊主力轉向
19時00分
19時15分
19時25分
19時15分
19時15分
德國水雷艇攻擊
德國巡洋艦隊
煙幕
19時00分
19時15分

從戰略上的大意到尖端科技運用的落伍，到組織功能的低落與喪失判斷的果斷性，種種跡象組合成了「衰退」的徵兆。「海軍」這個帝國的主幹，也象徵了整個大英帝國已陷入跟不上時代的窘境。

走向幻滅與充滿亡靈的戰後

日德蘭海戰的隔月，英國陸軍又在法國北部展開大規模的索姆河戰役（Battle of Somme）。這場可說讓「大英帝國心神俱喪」的戰爭重挫英國，也是「悲傷的大戰」中最具象徵性的一場戰役。

由於加里波利的敗退，英國人的關注焦點轉向德法國境的西部戰線。若不突破壕溝戰的膠著，早日達成國民與議會所追求的勝利，將影響統治者的權力基礎。因此首相阿斯奎斯、陸軍大臣基奇納，以及勞合．喬治等內閣官員便開始對前線總司令官道格拉斯．黑格（Douglas Haig）施壓。但黑格錯誤解讀了克勞塞維茲（Carl von Clausewitz）戰略論，並尊崇「勇鬥精神」，深信古板的正面攻擊戰法，因此幾乎只知道一種作戰方式，就是拿著機槍向敵軍掃射，並衝進敵陣。

他在約有九十英里的英軍正面挖了全長約達一萬公里的壕溝。接下來有好幾年的時間，數百萬年輕人潛入鐵絲網後面的地下壕溝，四周圍繞著含水易崩的土牆，看著灰色長條的天空數日子。最壞的狀況，還會聞到人或馬的屍臭混合著毒氣，加上布滿髒汙和蟲類的衣服、有刺鐵絲網與極為肥大的老鼠。為預防敵人來襲，每天早上還得緊張兮兮地全副武裝。壕溝戰悲慘至極的記憶，直到戰後都還深深傷害著當事者的心靈。

即使能逃離壕溝戰的悲慘，黑格的單兵突擊法也不可能「拯救」官兵。由於法軍部隊頻頻爆發兵變事件，加上法國對英國的態度開始轉向猜疑，為了維持英法同盟，一九一六年六月黑格決定在北法索姆河畔投入二十五個師的大軍進行攻擊。七月一日，英國砲兵隊向己方軍隊宣告開戰的預備砲擊結束後，在晴空萬里的早晨，呈數層波浪狀隊形的英國步兵廣大戰線一起衝向敵方，猶如進入達達尼爾海峽的英國戰艦。這再再展現出英國在戰略上史無前例的無能，甚至更象徵與戰略上的無能一體兩面，也就是領導者「草菅人命」的愚蠢與遲鈍。

作戰第一天的突襲就有七萬數千人傷亡，是大英帝國有史以來的一大慘事。

雖然記取法國在凡爾登戰役發生大量傷亡的教訓，英國陸軍改以每分隊為單位突襲，但陸軍的大部隊還是朝著敵方機槍掃射前進，這仍與過去以步槍為主的拿破崙戰爭相同。背著超過體重一半以上、重達四十公斤的裝備衝出壕溝的突襲部隊，在砲擊中犧牲後會怎樣，幾乎無人知曉，這就是索姆河戰役的場景，也是象徵「大英帝國心神俱喪」的一幕。

這群受到重創的英國官兵，也與以往大為不同。他們是一群燃燒赤誠的愛國情操與自我犧牲精神，由國民中素質最高者組成的志願軍，並且幾乎未受過正式的軍事訓練，數百萬人就這樣上了戰場。士兵的忠誠與高級指揮官的愚蠢組合起來，或許就成了有如二戰日本在塞班島戰役等悲慘而缺乏合理性的表現。

持續了三個月的索姆河戰役，陣亡者多達五十萬餘人，方才罷休。

經歷過國民以如此不合理的形式大量傷亡的國家，到了戰後自然無法恢復正常的精神狀態。沉浸在「悲傷」中，或許是恢復理智的唯一途徑。

英國的菁英在這場大戰中折損尤其嚴重。

據說一九一四年，五十歲以下的貴族男子有將近百分之二十戰死沙場。而參與本次大戰、在二戰後被冠上「加里波利生還者」頭銜，繼艾德禮之後於一九五〇年代擔任首相的安東尼・艾登（Anthony Eden，長兄於伊普爾，弟弟於日德蘭陣亡），以及哈羅德・麥克米倫（Harold Macmillan）等人，終其一生都因索姆河一役受創的後遺症所苦。他們在牛津、劍橋大學的同學，大約每三人就有一人陣亡。

這樣的陣亡率甚至比日本「學徒出陣」時的帝大生高出許多。這群未經訓練便擔任下級軍官、抱持貴族意識的牛津及劍橋學生，總是遵從命令，在最前面衝鋒陷陣。也就是說，當時最優秀、最具良心的年輕人，許多都被迫陣亡沙場。這可形容為中世紀以來一直精力充沛的英國菁英發生了一場「階級之死」。

戰後回到牛津復學的麥克米倫發現，牛津已淪為「鬼城」。素質最高的國民大量犧牲，即使戰勝了，國家也不可能穩固。因此大英帝國只能迎向「充滿幻滅與亡靈的戰後」。

由這場「悲傷的大戰」所鐫刻的精神軌跡，似乎也決定了未來帝國要前進的方向。一九二四年，在倫敦郊外溫布利（Wembley）舉辦的「大英帝國博覽會」（British Empire Exhibition）正好展示了這個趨勢。由於戰後國民對日薄西山的帝國體制關切度不斷提升，因此政府與商界焦急地舉辦了這場英國史上最大的博覽會。

廣達二十二英畝的場地上，建造了帝國各地的展示館。一百五十天的會期，來訪人數高達二千七百萬人次（超過英國總人口一半）。這與七十年前，在海德公園的「水晶宮」謳歌進步理想的「倫敦萬國博覽會」有些相似，卻又有所不同。

在溫布利的博覽會，強調「帝國理念」、「英國霸權」，以及「進步未來社會」的各場館與展示品乏人問津，入場者大多是搭雲霄飛車，吃冰淇淋解賓果，在遊樂場玩得不亦樂乎。當時的流行語「你要溫布利嗎？」（Do you Wemble?）更透過諷刺雜誌《衝擊》（*Punch*）而紅極一時。[2]像「帝國的未來」這種有點深奧的話題「大概是唬人的」，不如每天輕輕鬆鬆地過。當時出現了新的生活形態與精神。此時造訪倫敦的美國青年沃爾特・李普曼便表示：

在人類史上，無論是什麼樣的帝國，如果失去了支撐其中心思想和信念的統治菁英，便沒有仍能長久存續的例子。

第十章

勞倫斯的反抗

「我所能做的，充其量只有讓國家最高領導人認識到，遵守對阿拉伯人的約定，關乎英國在歷史上的名譽。」

——湯瑪士・愛德華・勞倫斯（Thomas Edward Lawrence）

復甦之鑰——「石油」與「中東」

當統治世界大半地區的大國開始衰退時，即使衰退的態勢明顯，但通常難以立刻察覺。因為對活在那個時代的人們而言，實在難以想像這個不知強盛了多久的世界大國會急速地走下坡。

把世界大國比喻成一艘船，船隻仰賴巨大的動力航行在海上，如果產生了明顯的轉向，也就是開始朝衰退的方向轉去時，至少首先映入眼簾的，仍會是這艘船的巨大。甚至在發生根本上的改變時，也常可發現這樣的大國有短暫的「迴光返照」，一時間看似恢復了往日榮景，有時看上去甚至像在加速前進，因此人們常誤以為這就是大國的生命力。第一次世界大戰後的英國就是如此。

一戰後，德國優秀的歷史學家艾力克．馬可斯（Erich Marcks）認為大戰勝利的大英帝國「已成為當前世界統治版圖最大與人口最多的國家」，因此做出「英國衰退論是虛妄的謬論」的結論。[1]

的確，一戰後英國不但接收了原德國殖民地，也首次將廣大的中東地區納入版圖。大英帝國將巴格達、耶路撒冷、大馬士革等中世紀十字軍東征也未能完全征服的伊斯蘭世界的中樞置於支配下，達成世界史等級的功業。這是基督徒都覺得目眩神迷的光榮時刻，因此即使是對英國始終抱持對抗意識的德國學者馬克斯・韋伯（Max Weber），也被這副光景所迷惑。

但早在四百年前就以透澈眼光洞悉大國命運的馬基維利曾強調，國力基礎不夠穩固的大國擴張新領土，是極為危險的事（《論李維羅馬史》〔*Discourses on the First Ten Books of Titus Livy*〕）。此外，二十世紀美國的傑出歷史作家芭芭拉・塔克曼（Barbara Tuchman）則以世界史的視角指出，國家越大反而越容易做出愚蠢行為（《愚政進行曲》〔*The March of Folly: From Troy to Vietnam*〕第一章）。

第一次世界大戰對大英帝國衰退的影響，大致有以下三點：

第一點（如前章所述）是大戰對英國人在精神上的影響，這樣的「幻滅」與打擊幾乎可說是一種「大英帝國的心神俱喪」，英國年輕世代對於「帝國統治的意願」大為減退。

第二點是一戰後誕生的世界新秩序，是個對古老大國的英國而言始料未及、且難以適應的環境。戰後的世界就如同具諷刺意涵的《美麗新世界》一般，受到因大戰而崛起的俄羅斯革命影響，英國勞工運動開始激進化，一九二六年終於爆發了總罷工。此後則進入可稱為一種「英國病」、經常性勞資爭議的「大罷工時代」。

更糟的是，戰後流行全世界的「民族自決」風潮，根本上動搖了大英帝國「以文明統治異族的正當性」。

另外是「國際聯盟」這個嶄新的組織，它對於英國這個傳統霸權國家想必不會太友善。雖然英國試圖「利用」此一組織，重建帝國的統治地位，但這反而讓英國外交手法逐漸受到桎梏。尤其像「聯盟」這種集體安全保障體制——曾是英國外交的看家本領——使得必須依靠國力支撐的軟性權力平衡外交難以施展。

且如第八章「改革論的季節」所見，過去英國如此重視且堅持的世界金融控制力，竟在大戰後全數付諸給美國。而英美雙方對這個變化的適應失敗，導致了一九二九年的經濟大恐慌。大英帝國在遭受前所未有的大量傷亡而慘勝的大戰後，迎來的竟是這個痛苦而充滿諷刺的「美麗新世界」。

第三點，也是考量衰退因素時最重要的一點，當戰爭導致帝國勢力擴展至中東時，明明正處於衰退，是時候需要國力復甦，然而外顯的實力膨脹總讓帝國分散「關注焦點」，成為一盤散沙。過去除了鄂圖曼土耳其帝國外，同時控制耶路撒冷和巴格達的帝國通常都無法持久。世界史上紛爭不斷的美索不達米亞平原與約旦河峽谷之間，自古就被稱為「帝國的墳場」，像是有個飄著妖魅氣息的「歷史流沙」橫亙於此。有史以來，曾統治過這歐亞非三大陸交界地帶的帝國，除了鄂圖曼土耳其之外，都是已過了「鼎盛」期、內部弊病叢生的帝國。

即使英國都知曉這些狀況，卻有不得不陷入這個「流沙」的理由。其中之一就是「石油」。

在大戰前的一九一一年出任海軍大臣的邱吉爾，將推動帝國海軍的燃料正式由煤炭轉為石油，加上促進全世界機械化的第一次世界大戰，石油遂成為控制二十世紀世界的關鍵資源。

而當大英帝國再度擴大成史無前例的大帝國後，控制中東的目的除了石油以外，還有一個特別的動機，那就是「對印度的執著」。

對於已經掌控印度，以及直布羅陀到蘇伊士的地中海兩端的英國而言，若能再掌握尼羅河到印度河之間的廣大區域，正式取得領土，就可以同時確保「石油」與「通往印度的道路」。而且這也意味著英國將成為史上最大帝國，同時能統治到香港、上海為止的歐亞大陸南端，將麥金德「地緣政治學」所謂的歐亞大陸邊緣確實納入控制。如此便能確保帝國長治久安。

若真能如此，大英帝國便能實現顛峰期的維多利亞時代未能實現的大幅擴張。對邱吉爾與貝爾福這種傳統的「帝國派」而言，如此可證明他們光輝燦爛的功績。他們讓衰退的帝國找到復甦之道，能夠在二十世紀繼續生存下去，關鍵就在於「石油」與「通往印度的道路」。

但英國與中東和印度的糾葛關係，卻使帝國走上毀滅之路。而在這個「帝國落日」照耀的舞台，也上演了許多歷史與人物的故事。

聖誕節大禮

第一次世界大戰末期，英國在加里波利與索姆河戰役飽受挫折，東方卻傳來振奮人心的輝煌戰果。一九一七年十二月初，由愛德蒙・艾倫比（Edmund Allenby）將軍指揮的中東派遣軍從埃及橫越西奈半島，朝著巴勒斯坦追擊鄂圖曼土耳其的軍隊。繼中世紀十字軍撤退後相隔七百年，基督徒再度奪回聖城耶路撒冷。這可說是送給了英國國民一個「聖誕節大禮」。這也是開戰三年多以來，英國國民期盼已久的「捷報」。

一次世界大戰的索姆河戰役出現大量陣亡，西部戰線總司令官道格拉斯・黑格等將領團隊遭受「無能」、「死板」的批評，當時艾倫比也是接受他們命令的指揮官，但他的軍事才華備受矚目，更兼具深諳人性的特質，這號人物的傳記值得我們好好閱讀。

身為十七世紀清教徒革命核心人物奧立佛・克倫威爾（Oliver Cromwell）後代的艾倫比，素有「猛牛」之稱，看似精力充沛，卻又深思熟慮，如此性格深受許多人喜愛。而在艾倫比麾下擔任參謀長的阿奇博爾德・韋維爾（Archibald Wavell），後來在二戰擔任埃及派遣軍司令官，遠離蘇伊士攻向利比亞，與隆美爾（Erwin Rommel）率領的德國裝甲師（非洲軍團）交戰。當時的他在利比亞沙漠與隆美爾部隊對峙，想起了艾倫比，便執筆寫下關於艾倫比的出色傳記。

粗脖子和紅臉，而且（假裝？）脾氣暴躁的艾倫比，看似是位頑固而執著的典型軍人，初次見到他的人恐怕會被嚇跑。儘管反應略顯遲鈍，但其實他的性格深謀遠慮，也藏著柔軟而極富感性的一面。[2]

具有深厚希臘古典文學造詣的艾倫比曾讀遍史特拉波（Strabo，古希臘歷史地理學者，觀察眼光較希羅多德敏銳許多，他的許多論述至今對於理解中東情勢仍極富價值）以希臘文原文撰寫的龐大論著，並應用在自己的巴勒斯坦作戰，詳細研究古代橫越西奈沙漠的路線記載。

此外，根據韋維爾的記述，艾倫比更從歷史研究中得知，七百年前率領十字軍的英王獅心理查無法占領耶路撒冷，是因為在瘧疾好發的季節進攻，而拿破崙的埃及遠征軍遇到的最大阻礙也不是敵軍，而是中東特有的眼炎。因此他立刻向下屬指示對策。這對近代目光如豆的人們而言或許是陳腐故事，儘管他不是專業歷史學家，但仍充分顯示出英國成功的領導者面對「歷史」的獨到態度。對大英帝國而言，「歷史」造詣是國力不可或缺的一部分。像艾倫比這樣的英國菁英更是強烈意識到，若要理解中東，就需要追溯「伊斯蘭」和阿拉伯人到來之前的歷史視野與古典的區域概念。

在二十世紀的英國軍人當中，艾倫比與韋維爾不僅有優越的軍事能力，更具有高深學識與對人性的深刻理解，還有卓越的政治手腕。同時，他們的性格具有黑暗面，因此不僅是支撐帝國的人，他們也是大國衰退期之中的悲劇英雄。兩人分別在一戰與二戰後擔任埃及與印度總督，儘管深刻感受到「帝國落日」，但在即將獨立的殖民地擔任頗為微妙的「末代總督」，仍堪稱是二十世紀大英帝國史不可或缺的人物。

封鎖「帝國的本能」

但提到英國與中東，還有一個不可不提的人物。一九一七年十二月八日，一個在艾倫比和韋維爾陣中穿著又皺又破的軍服、纖瘦有如女子的青年，他追著敗逃的鄂圖曼土耳其軍隊從耶路撒冷的雅法（Jaffa）入城，加入英軍的行列。

他的名字是湯瑪斯．愛德華．勞倫斯，也就是煽動阿拉伯人對鄂圖曼人進行「沙漠反叛」而成功的「阿拉伯的勞倫斯」。

一八八八年，勞倫斯出生在北威爾斯的特雷馬多格（Tremadog）。父親湯瑪斯．查普曼拋棄天主教徒妻子，與勞倫斯的生母私奔，因此他是所謂的私生子。他因成績出類拔萃獲得特殊待遇，一九一〇年自牛津大學耶穌學院畢業後，決定從事考古研究。一九一一年到大戰爆發的一九一四年，期間參加大英博物館的考古調查團，到古西臺王國遺跡卡爾凱美什（Carchemish）遺址從事調查，並學習阿拉伯語。在鄂圖曼土耳其帝國統治下，他有近距離觀察阿拉伯人社會文化的經驗。

當時的英國，正著手讓鄂圖曼土耳其統治下的阿拉伯人集結在麥加的阿拉伯人領袖、哈希米家的海珊（Hussein bin Ali）麾下，向鄂圖曼人揭竿起義。勞倫斯擔任穿針引線的工作，被派到阿拉伯半島西部的漢志（Hejaz），在那裡遇見海珊的兒子費薩爾（Faisal）。

這對勞倫斯而言，是「影響一生的際遇」。

此後，勞倫斯協助海珊指揮阿拉伯貝都因人（Bedouin）部隊，在沙漠對鄂圖曼發動游擊戰，完全顛覆他原本的考古學家人生。

一九一七年七月，勞倫斯率領僅五十騎的貝都因駱駝部隊，橫越了「若無奇蹟絕不可能通過」的灼熱沙漠——內夫德沙漠，由陸路長征到阿拉伯半島西方的亞喀巴港（Al Aqabah）後方，在易守難攻的亞喀巴灣要塞奇襲成功。

領導這場充滿浪漫情懷的「沙漠叛亂」英雄「阿拉伯的勞倫斯」之名因此響徹整個中東，不，應該是全世界。

對當時的英國男性而言，不同於自卑的一般阿拉伯人，勇敢的貝都因人昂然挺立於沙漠的生活方式，以及他們的「戰士文化」，都被認為與英國的「紳士理想」有共通之處。因此勞倫斯站在貝都因人部隊前方，騎在駱駝上指揮阿拉伯騎兵的英姿，在因西部戰線大量陣亡消息而充滿悲傷氣氛的英國媒體上，立刻成為極富英雄色彩的傳說。

其後，勞倫斯的阿拉伯軍團經蘇伊士運河進入加薩走廊，與攻向耶路撒冷的艾倫比正規部隊右翼會合，為大英帝國「奪回聖地」之戰貢獻卓著。在開羅英軍總司令部的走廊上，穿著貝都因人服飾走向艾倫比將軍司令辦公室的勞倫斯，更充滿了傳說的英雄氣魄。

但此後我們將逐漸得知，英雄勞倫斯，不再是一個只為了效忠大英帝國而生的軍人。

後來，勞倫斯自述他所帶動的「沙漠叛亂」，其目的並非僅為了帶領阿拉伯人對抗敵國鄂圖曼土耳其，而是如他以下的說明：

> 那場行動是為了防止捲入大英帝國主義者的愚蠢行動，如果坐視不管，在二十世紀的現代，就會發生像克萊武（Robert Clive，一七五七年普拉西戰爭後確立英國在印度的霸權）和塞西爾·羅德斯（以力量與謀略在十九世紀末將南非與羅德西亞納入英國統治範圍）那樣的狀況，而我要封鎖英國這些人有如中邪般的行為。因為時代已經不同了。

在開羅陸軍情報部門的勞倫斯接獲極機密文件，得知埃及總督亨利・麥克馬洪（Sir Henry McMahon）與麥加的阿拉伯人領袖海珊之間的約定，也就是《麥克馬洪－海珊通訊》（*McMahon–Hussein Correspondence*）。英國政府承諾阿拉伯人，若阿拉伯人在英軍協助下起義反抗鄂圖曼人，戰後便承認讓原本在鄂圖曼土耳其統治下的阿拉伯人獨立建國。

當然，英國與法國也談定協議，戰後讓鄂圖曼土耳其其下的阿拉伯地區瓜分為兩個國家、分屬英法的勢力範圍，此即《賽克斯－皮科協定》（*Sykes-Picot Agreement*）。這點勞倫斯也必然知情。

對英國外交這種可恥的兩面手法加以「反抗」，才是「阿拉伯的勞倫斯」充滿浪漫情懷的英雄故事的本質。

因此，勞倫斯在攻陷耶路撒冷後，便帶領阿拉伯騎兵軍團奮力衝向大馬士革。大馬士革是穆罕默德直系繼承者薩拉森帝國（Saracen，伍麥亞王朝〔Umayyad dynasty〕）建立的首都，也是象徵阿拉伯伊斯蘭正統權威之地。對於真心希望阿拉伯獨立的勞倫斯而言，即使是為了大英帝國的道義，也必須是由阿拉伯起義軍在四百年之後從鄂圖曼土耳其手中奪回大馬士革，而非英軍。為了比已經機械化、駕駛卡車和吉普車開向大馬士革的艾倫比英軍先鋒部隊搶先一步抵達，騎乘駱駝和馬匹的勞倫斯阿拉伯軍隊大幅疾行，通過鄂圖曼軍隊抵抗較少的敘利亞沙漠一路奔向大馬士革。這是勞倫斯向難以抵禦的巨大「二十世紀」之力，可說太早、也可謂太遲的「反抗」英姿。

一九一八年十月，比艾倫比部隊早了一天半，率領阿拉伯軍隊抵達大馬士革的勞倫斯，終於深深感受到，建設「阿拉伯統一國家」這個自己「年輕時的夢想」逐漸實現。

在戰爭中深切認識勞倫斯行動重要性的艾倫比，毫不吝嗇地供給勞倫斯所要求的資金與兵器。不只如此，身著阿拉伯服的勞倫斯可在英軍司令部出入自如，而艾倫比對這位年輕的「阿拉伯守護者」能夠如此寬容，表示英方並不是僅將勞倫斯視為達成戰爭目的的一顆「棋子」。

前幾年在法國的索姆河戰役中痛失獨生子的艾倫比，遇見這樣的勞倫斯讓他不禁發現，自己的餘生就有如「帝國落日」，故而開始深思未來。

不斷主張「戰後事務應該全權交由政治人物處理」的艾倫比，對於勞倫斯作為「阿拉伯之友」的生存方式，內心對他的那種純粹也有所共鳴。但艾倫比的共鳴僅在內心層面，或許也帶著遲暮老人看開一切的意味。

勞倫斯「重大幻滅」的日子

但無論如何，「大英帝國的本能」超乎勞倫斯和艾倫比的想像，極為執拗，具有衰退期的大國所特有的狡詐與盲目衝動的特質。當勞倫斯率領阿拉伯軍團搶先越過敘利亞沙漠前往大馬士革途中，倫敦的勞合・喬治內閣外交大臣貝爾福寄信給羅斯柴爾德男爵（Walter Rothschild），承諾猶太人戰後在巴勒斯坦建設猶太人的國家（Homeland）。這個被後世稱為《貝爾福宣言》（*Balfour Declaration*）的承諾，是為了順利向英美的猶太人金融家調度不可或缺的戰爭費用。

貝爾福認為不能任由想追求實質獨立的阿拉伯在戰後中東建立統一國家，他同時主張建設猶太人的國家，是為了符合英國戰後能更穩固「維持帝國」的構想。將廣大的中東全境納入帝國新版圖，這個迷人的選擇包含了「石油」和「印度」兩大吸引力。若使阿拉伯獨立，英國將失去蘇伊士運河及波斯灣，和伊拉克北部摩蘇爾地區的油田。最重要的是，如果出現阿拉伯人的穆斯林獨立國家，帝國將難以控制「印度教徒與穆斯林爭執不下的印度」。

與法國之間關於分割中東的《賽克斯－皮科協定》，以及承諾阿拉伯獨立建國的《麥克馬洪－海珊通訊》，和鼓勵猶太人在巴勒斯坦建國的《貝爾福宣言》，英國在這三個互相矛盾的

「承諾」中迎來了第一次世界大戰的結束。這樣的「多頭辭令外交」涵蓋了十字軍以來「中東統治的確立」與「石油」以及「印度」三者。這就是帝國的「答案」。

英國的這種作法，都出自於貝爾福與邱吉爾，以及逐漸成為「權力祭司」的勞合・喬治等領導人「維持帝國」的執著。想在本身缺乏力量的狀況下試圖維持優勢，自然就充滿許多矛盾，使得這些承諾互相抵銷，意義全失。此時期經常可以看到英國這種企圖掌握主導權的盎格魯－撒克遜民族特有的行動模式。

然而，這之中仍帶有衰退期帝國特有的精神色彩，也就是所謂「日薄西山的不道德」。這可說是勞合・喬治這個「平民」政治家會出現的、空虛而幾乎不具紳士理想的作法。至少，以雄厚實力與道德感行事的維多利亞時代既相似又不同的「帝國精神」已經明顯衰退。而大量陣亡造成「帝國的心神俱喪」，加上俄國革命及國際聯盟所欲營造的「美麗新世界」等，這些或許都反映了大英帝國的衰退。

一九一九年，巴黎凡爾賽和會上與費薩爾一同出席，穿著阿拉伯服裝在各個會議室間奔走的勞倫斯，終於迎來了「重大幻滅」。同一時刻，從印度出征的十萬英屬印度軍從波斯灣的科威特登陸，沿著伊拉克平原北上，占領巴格達，更繼續北上占領了原與法國約定不加侵犯的吉爾庫克、摩蘇爾等豐富油田地帶。雖然人員犧牲甚多，但仍花了數年時間，英軍還是占領了波斯灣與伊拉克全境。

至此，「阿拉伯獨立」已成泡影。「勞倫斯的反抗」被阻絕在帝國厚重的岩層前。離開「幻滅的巴黎」的勞倫斯，只能回到牛津大學萬靈學院擔任研究員，繼續考古研究。但曾經在染血的沙漠戰場征戰過、又受過虛偽而不道德的國際會議場洗禮的勞倫斯，當然再也無法回去扮演戰前那個單純的學者。

儘管勞倫斯總是一副憂鬱而空虛的表情，但他當然不可能就此從政壇消失。此時國王喬治五世因他戰時的功勳，表示要特別接見他，並破格頒發「巴斯勳章」（Most Honourable Order of the Bath）給他，勞倫斯當下堅辭不受。對於邱吉爾指責他「不敬」，勞倫斯如此回應：

> 我所能做的，充其量只有讓國家最高領導人認識到，遵守對阿拉伯人的約定，關乎英國在歷史上的名譽。國王有義務得知以他之名而行的所有事，而除此之外也沒有其他方法令其得知。

指責勞倫斯「不敬」的邱吉爾，也深深佩服這個充滿傳奇的「沙漠英雄」勞倫斯的廉潔。在這點上，邱吉爾不同於缺乏高潔情感的勞合．喬治，或許可說他仍然是一個「紳士」。

兩人在數年後再度相見，邱吉爾為了「英國的榮譽」；勞倫斯為了與「阿拉伯的約定」，有了再度攜手合作的機會。得知兩人想法各有不同的艾倫比，也用盡畢生精力再度躍上歷史舞台，為了恢復帝國的國力與道德，而與兩人合作。

覺醒的印度

因為德國戰敗，少了強敵的大英帝國表面上看來似乎更強了，卻顯現出一副「強大而無力」的狀態。

一九一九年三月，埃及爆發反英叛亂。其實在一戰前，當地就已出現明顯不尋常的騷動，而現在則爆發明確反對帝國統治權力與權威的行動。這似乎與同一時期朝鮮爆發的「三一運動」異曲同工。至少在統治者看來，這兩起叛亂都有一種「為何是現在」的出其不意。

但更大的共同點是，若能稍加注意歷史趨勢的變化，便不會覺得這些是「出其不意」的叛變。四月，印度旁遮普（Punjab）地區的叛變也急速擴大，遠超過印度統治當局所預料的情勢，不禁令人想起六十年前、被稱作「印度民族起義」的印度土兵兵變。「大動亂的季節」又將來臨。

在這場動亂中，四月十三日在北印度的阿姆利則（Amritsar）發生英軍對數千名手無寸鐵的印度人展開大屠殺的「阿姆利則慘案」（英國官方數字為三百七十九人死亡，一千五百人受傷），為帝國留下了史無前例，冷血而殘暴的一大汙點。更重要的是，此一事件造成印度民眾群情激憤，於是釀成了追求從英國「完全獨立」的近代印度獨立運動——也就是甘地與尼赫魯的時代——揭開序幕。二十八年後開花結果的印度獨立運動可說始於「阿姆利則」，而英國失去印度的過程，也就是帝國真正沒落的過程。

大英帝國的生命，分別由以下代表帝國「光明面」與「黑暗面」的三點來支撐。

第一，七百年來，只仰賴露骨的蠻力統治異族的最古老殖民地愛爾蘭，可代表大英帝國典型的「黑暗面」，或最不光彩的一面。

第二，加拿大、澳洲、紐西蘭、南非等代表性的白人殖民地（或自治區），這明顯是屬於帝國的「光明面」。

第三，則是武力與文明、權威與溫情交錯進行統治，同時是英國的財富，以及帝國國力最大泉源之處，帝國的「光明」與「黑暗」交會之處，那就是印度。

印度不僅是「帝國皇冠上的寶石」，更如其名是「帝國的生命線」。

年僅三十九歲便擔任印度總督的勞合・喬治內閣外交大臣喬治・寇松（George Curzon）

曾說：「帝國與印度，印度與帝國，兩者是一體的。」他闡述印度對帝國的絕對重要性如下：

只要我們繼續統治印度，我們就可以繼續是世界最大的強國。但若失去印度，英國恐將淪為三流的小國。且若失去印度，其他的殖民地也將失去價值。

第一次世界大戰中，英國出征軍人達三百九十萬人，其中從印度動員了一百五十萬人，並將一百一十萬名印度籍官兵派往海外戰線，經費完全由印度負擔（即英國殖民政府對印度人所課徵的稅收）。若無印度的犧牲，恐怕無法為英國帶來勝利。

如今印度終於從數百年的沉睡中醒來而開始啟動。大英帝國「開始走向終結」，可說就起始於「阿姆利則」這個地方。

英國跨越了「勞倫斯的幻滅」與「艾倫比的迷惘」，突然積極想要控制中東，就是為了「通往印度之道」。

在十九世紀的「非正式帝國」（雖未正式加入大英帝國版圖，但由於英國的強大經濟力量與優勢軍力，許多獨立國家實質上加入大英帝國勢力範圍的狀態）時代，原本以英國的財力與權威，無須特別勞師動眾即可確保「通往印度之道」。但對於大戰後失去經濟與軍事優越地位的英國而言，只能靠併吞或直接統治的方式來確保。

但當英國毫不猶豫地占領中東時，卻又面臨重要的印度脫離英國。當一個衰退的帝國不從國內奠定復甦的基礎，卻以霸權手法向外追求復甦之道時，帝國的所作所為不但無助於復甦，甚至將更加速衰退與沒落。

區域紛爭的波瀾

在阿姆利則槍聲不歇的一九一九年四月，猶太人因《貝爾福宣言》而陸續進駐巴勒斯坦，這時爆發了猶太人與阿拉伯人的第一次武裝衝突。也就是延續至今的「巴勒斯坦紛爭」的開端。一直到在二戰後將處理紛爭的責任「交棒」給聯合國與美國為止，以國際聯盟「委任統治」的名義隸屬大英帝國版圖的巴勒斯坦境內，矗立著許多無端捲入衝突而客死異鄉的英軍墳墓。而在一九一九年五月，英國因阿富汗衝突緊急派遣英軍前往平亂時，伊拉克也發生了嚴重的動亂。

「無法治理的土地伊拉克」（Ungovernable Iraq）是此後許多英國人的感嘆。為了處理此地第一場大規模反英動亂事件，英國的財政負擔甚至遠超過一戰時全中東的作戰費用。

同時在一九一九年結束前，失去愛爾蘭的態勢逐漸明朗。過去在帝國內享有自治權的愛爾蘭，卻從這一年起明確轉為「否定英國王權」與「完全獨立」，關鍵就在於屠殺事件。大戰期間，都柏林發生了一場「復活節起義」（一九一六年四月），為了鎮壓叛亂，勞合．喬治派遣了「黑棕部隊」（The Black and Tans）。這支特殊部隊屠殺愛爾蘭獨立運動支持者，使許多愛爾蘭人自此認為非切斷與英國所有牽連不可。

大戰獲得光榮勝利的英國，一下子面臨遍地開花的「區域紛爭」。現在的問題已不是「帝國能否維持」，而是「還能維持多久」。

乍看之下，為了延續帝國命脈，英國只能選擇「放手」。但霸權國家的宿命，就是一旦放手，就等於全面崩盤。因此考慮「何時放手到什麼程度」與「該如何放手」，就成為帝國的世界戰略中心課題。在此出現了「綏靖」的新概念。

一九二二年，擔任埃及總督的艾倫比看到叛亂的氣焰難息，只好不甘願地向倫敦方面「辭職」，讓埃及「自治獨立」。同樣在邱吉爾請託下在殖民省中東局任職的勞倫斯，為了鎮壓反英動亂正盛的伊拉克與約旦，只好由舊友費薩爾及其兄弟在形式上繼承王位，以實施延續帝國生命所需的「綏靖」政策。

對勞倫斯而言，雖然比當初較晚了些才補救了《凡爾賽條約》中「英國的背信」，但仍舊與費薩爾一起履行「阿拉伯獨立」的約定。然而此後勞倫斯逐漸明白，國際聯盟的「委任統治」這個像「無花果葉」般沒有實權、虛有其表的王位，目的只是要讓阿拉伯人較易接受大英帝國對中東的統治。

當時，雖然帝國已認識到本身對應其他勢力時缺乏效率的無力，但無法斷然放手的衰退帝國仍舊展現「對統治的執著」，這種精神結構正是大英帝國新的「綏靖」政策的源頭。第一次世界大戰後，英國的綏靖政策成為維持帝國殖民地統治的手段，並逐漸滲透到對本國周邊歐洲各國的政策中（也就是過去的「媾和」傳統，參照前述甘迺迪論文）。

再次對「帝國的狡猾」大失所望的勞倫斯，此後銷聲匿跡。

十三年後（一九三五年），傳來「阿拉伯的勞倫斯」因摩托車事故身亡的消息，當時英國正因對中東狡猾的「綏靖」政策，使貪戀著帝國復甦大夢的自身面臨存亡危機。為了延續帝國，「綏靖」政策成為一種「時代精神」，控制了英國人的心，也為母國招致存亡威脅。英國對希特勒的要求不斷妥協，最後紛紛都在討論能「妥協到什麼程度」。這樣一個引起「勞倫斯的幻滅」的「不道德的帝國」，最終招致了「慕尼黑危機」。

第十一章

「不列顛戰役」到全面停戰

「我可以用一個詞回答：勝利（victory）。不惜一切代價的勝利（victory at all cost）。無論承受多大的恐懼，無論道路再漫長再困難，我們的目標就只有勝利。」

——溫斯頓．邱吉爾

「最好的時刻」與「最後的時刻」

一九四〇年六月十八日，巴黎被納粹德軍攻陷後，邱吉爾在下議院發表「最後勝利」的演說，如此疾呼：

> 如果大英帝國能延續千年，後世將稱讚：「此刻正是帝國最好的時刻。」

這些話最後成真了。英國獲得了「最後勝利」，一九四〇年，英國人萬眾一心對抗敵人的英勇歲月，的確是大英帝國「最好的時刻」。但帝國卻沒能夠等到「千年」。不到十年，就消失在歷史洪流中。

從今日的眼光來看大英帝國與二戰，並思考邱吉爾在當時所扮演的角色，或許他的話像是一種「命運之聲」。

包括邱吉爾在內，幾乎沒有人能預測到「最好的時刻」將成為「最後的時刻」。儘管如此，這句話遠超過邱吉爾所能意識的範疇，似乎在這句話的深處，有著帝國對日漸逼近的「滅亡」抱持的一股「放棄」般的獨白。但他們需要更長的歲月才能確實感受到這些。這是大英帝國衰退與崩解的歷史上最為沉痛的一段。

一九六五年一月三十日，陰沉而寒冷的倫敦市中心史特蘭街的大馬路上，由海軍砲車載著一具靈柩前往聖保羅大教堂。當天，大約有三十萬名倫敦市民前來瞻仰邱吉爾這位救國英雄的最後一程。

聖詹姆士公園響起了皇家儀隊禮砲。儘管有國王不出席大臣喪禮的慣例，但女王伊莉莎白二世堅持親自出席，在美國《共和國戰歌》（*The Battle Hymn of the Republic*）的樂聲中，邱吉爾的靈柩運抵現場。這首體現遠渡重洋到美國的人們充滿勇氣與道義的頌歌，除了用來紀念邱吉爾美國籍的母親外，或許更適合用來表現邱吉爾一生的精神與事蹟。

但邱吉爾精彩而充滿活力的九十年人生，卻適逢大英帝國的衰退與崩毀，也可說正好遇上了「陰鬱的九十年」。儘管他總是說著，「我絕不會成為看著國家垮台的首相」，一生為「帝國的興盛」而奮鬥，但在他生涯的終點，也見證了帝國劃下句點之時。

當天前來為邱吉爾送行的人們，大都明白了這國家大勢已去。對於這些走過戰爭、當時已過中年的英國人民而言，姑且不論二戰時邱吉爾擔任首相一肩扛起國家，早在他們懂事前邱吉爾就擔任如海軍大臣、財務大臣、殖民大臣等幾乎所有國家要職。他的溘然長逝，就如六十多年前維多利亞女王駕崩時一般，象徵了一個「大時代的結束」。

但對於帝國的命運而言，邱吉爾的逝世卻遠超過於此。美國歷史家雷蒙・卡拉漢（Raymond Callahan）便評論，這是帝國的「完全結束」（full stop）。[1]

生於一八七四年的邱吉爾，生涯前四十年，正好碰上逐漸開始意識到「衰退」的帝國，用盡各種方法試圖振衰起敝，力求復甦的時期。而一九一四年，是帝國還有可能復甦的最後一年。第一次世界大戰爆發的這一年，也是大家樂觀相信歐洲文明具有光明燦爛未來的「十九世紀」的最後一年（英國歷史學家艾瑞克・霍布斯邦〔Eric Hobsbawm〕將一九一四年定為「十九世紀」的結束）。[2]

至於邱吉爾生涯後半的五十年，歷經了兩次世界大戰，帝國衰退已是無可遏抑的趨勢。而這也是許多英國人面對此一困境，為了帝國的存續，與許多矛盾搏鬥的半個世紀。邱吉爾生涯的後五十年，正好可以分成兩個時期，各二十五年。而分界點自然在於他擔任首相、站在對抗納粹德國風口浪尖上的「命運之年」，也就是一九四〇年。

一戰開戰到一九四〇年之間的二十五年，英國處於日漸衰退的陰影下，卻總能勉強維持霸權大國地位。正如前述（第三章），石井菊次郎認為大英帝國的未來仍然穩固，就是這個時期。即使無法達到「復甦」，卻仍然有機會抑制衰退，此時也是最後一個這樣的時期。

但一九四〇年之後的二十五年，卻數度證明了，抑制大英帝國衰退的可能性已然消失。邱吉爾在去世前十年，也就是一九五五年實質退出政壇，在這十年間繼任的首相艾登與麥克米倫領導下，帝國的勢力幾乎從所有僅存的亞非殖民地退出。到了邱吉爾逝世的一九六〇年代，帝國則可說幾乎已經「清算」完成。

這代表一九六〇年代的英國已經告別了「苦惱的二十世紀」，成為「歐洲的一分子」，相隔數百年後開始走向「脫亞入歐的二十一世紀」。數百年前，近代英國自「脫歐」開啟，離開歐洲大陸橫越大西洋，又朝印度而去。這樣的大英帝國軌跡，如今以再度回歸歐洲邁向結束，也就是「入歐」。邱吉爾死後七年，英國正式加盟了以EEC（European Economic Community，歐洲經濟共同體）為名的「歐洲」。

著名的英國評論家保羅・約翰遜（Paul Johnson）表示，清算完成後的六〇年代，英國結束了「苦惱與屈辱的半世紀」，反而變得輕鬆無負擔、豁然開朗。[3]

歷史學家A・J・P・泰勒雖然寫了篇專欄〈爸爸，邱吉爾是誰？〉，但如今堪稱「披頭四的英國」的這個國家的國民意識，已經逐漸與邱吉爾或大英帝國漸行漸遠，劃下了一個「全面停滯」的大休止符。

大戰帶來「豁然開朗」的氣氛

英國儘管掌管著史上最大的帝國版圖，但在英國母國，人們在飄著冰霰的寒風中排隊領取失業救濟金的一九三〇年代大恐慌時期，以及在昏暗的瓦斯街燈下獨自走向軍營接受徵召的一九四〇年代，這段期間英國人的記憶，總是充滿了「悲慘」的氣氛。

但這個勉強維持著霸權大國地位的帝國，仍舊在「拚命適應」的對策中持續摸索著。因此，這個時期對英國國民來說，除了在物質上擁有「帝國的恩賜」外，更是一個深切感受到「帝國的驕傲」與「大國的喜悅」的時期。

> 走在鄉間的小路上，
> 麥田旁若有小小的農家，
> 英格蘭就永遠在那裡。

這是二戰出征的士兵經常哼唱的歌曲《英格蘭永遠在那裡》（*There'll Always Be an England*）。一方面讓他們在遠離故鄉的戰地，想起英國閒適的田園景色，有助於鼓舞他們的士氣。另一方面，他們也是從那「鄉間小路」來到遙遠的戰地努力奮戰，歌頌著自己與「帝國的驕傲」。他們是與邱吉爾共享「帝國的驕傲」的最後一代。

這最後的「努力」與「披頭四的英國」之間，存在著「帝國的全面停滯」。但這個句點是在何時劃下，又是如何劃下的呢？思及於此，首先浮現腦海的，就是那「命運的一九四〇年夏季」。

對英國而言，整個二戰過程堪稱是「奇妙的戰爭」，英國呈現一種其他參戰國家所沒有的「開朗」氣氛。原因之一是二戰對自由與和平的威脅，對「萬惡根源」納粹德國，以及對軍國日本發動「正當性聖戰」的帝國全民共識——包括一戰時不太情願協助「英國的戰爭」的加拿大與澳洲國民——廣泛存在，導致英國瀰漫著「開朗氣氛」。不同於一戰，這次多數國民明確知道「為何而戰」。

第二則是「敦克爾克奇蹟」與「榮耀的不列顛戰役」，以及背著蘇伊士、獨力擊退隆美爾所率領的德國裝甲師，有如「英國的史達林格勒」史詩般的「第一次阿拉曼勝利」（First of El Alamein）。另外還有與美軍並肩作戰、直攻柏林的「諾曼第登陸」。眾多英雄場景共同構成了許多「抵抗與勝利」的著名事件。

最後，則是勇氣。在衰退的陰影日漸擴大下仍苦心維持住帝國，毅然告別過往那些在許多選擇中力求平衡、「左顧右盼」各種「帝國矛盾」的日子，並一心朝著「勝利」這個目標勇往直前的「破釜沉舟」般的勇氣。一九三〇年代末的英國採取「綏靖政策」，試圖與希特勒妥協，這的確是一種避戰的「軟弱」精神，但更多是來自英國人內心渴望維持住帝國的「深思熟慮」，以及老謀深算的「和平策略」。而大戰的爆發，意味著英國告別了「思慮」、「左支右絀」的日子，正式「朝著大義邁進」。

日本人從大正時代的封閉，到三〇年代深陷大陸的泥沼戰時，突然傳來「珍珠港開戰」的消息，那種「豁然開朗」的感覺，跟這裡的英國人相似。也就是說，不再擔心會被後世形容成「邪惡的侵略者」，應該以「奮戰姿態」迎擊敵人。這所謂的「慕尼黑教訓」，確實強調著不惜與「邪惡」對決的精神「韌性」，而另一方面則是強調「拋棄一切」，為信念而戰這種心理上「放手一搏」的快感慾望。

在現實狀況的諸多約束與利害算計中，決定為了理念不計利害得失，避開一些「無可迴避的矛盾」，這樣的態度需要國家舵手秉持信念，方能達成。是非善惡姑且不論，純粹只是想為國家帶來「最好的（一小段）時刻」。

溫斯頓．邱吉爾這號人物的出現，使得大英帝國在二戰期間這種「開朗」、「放手一搏」的氣氛，凝聚成「命運的一九四〇年夏季」。

我們絕不投降

當年五月十日，集結在德國西部國境多達一百三十七個師的德國大軍，來勢洶洶地攻向法國與比利時。繞過法軍在德法國境的要塞「馬奇諾防線」，由海因茨・古德林（Heinz Guderian）與隆美爾指揮的德國戰車團穿越阿登高原（英語 Ardennes，法語 *Ardenne*），抵達了英法聯軍背後，又直攻多佛海峽的加萊。約三十萬人的英國歐陸派遣軍，僅在一週之內就被逼到加萊以北的敦克爾克沙灘。倫敦方面，海軍司令部向上級報告，當時在陸空聯合包圍下，英軍要撤退「幾乎不可能」。巴黎陷落、法國投降的局勢日漸明朗。

然而，「被逼到牆角」之際，才能真正激發英國國民的「抵抗精神」。

兩週前，在首相邱吉爾的指導下，以「發電機作戰」之名，冒死進行敦克爾克大撤退。透過BBC的廣播，包括遊艇在內的大批民間小艇船主回應了海軍司令部的號召，冒著被德軍空襲的危險，到最前線敦克爾克去營救英軍。

在營造國民危機意識與英雄自我犧牲的「劇情」之下，敦克爾克大撤退奇蹟似的成功。由於動員許多民間船隻，約三十三萬被包圍的英法士兵幾乎都平安地撤回英國本土，是一場奇蹟似的「戰功」。

由於這場功績太過偉大，直至今日仍有人認為，是希特勒為了不阻絕對英和平之道，因此才對原本可以全數殲滅的敦克爾克英軍手下留情。

這次的成功喚起了英國人繼續奮戰的決心。國王喬治六世看到了「敦克爾克的奇蹟」，在日記中寫下：「我們終於找回自己，可以打一場『我們的戰役』。」

敦克爾克大撤退結束後的六月初，一個清爽而晴朗的初夏，邱吉爾透過ＢＢＣ廣播發表以下喊話：

我們要在海岸、海灘上、田園中、大街上、丘陵上，所有地方繼續奮戰！我們絕不投降！

當時「酸甜苦辣都嘗過」的五十四歲評論家哈羅德．尼柯遜聽到邱吉爾的廣播，將他的感動悉數寫入日記：

（邱吉爾）演講後，播音員重複的那些話都響徹我靈魂深處，使我感動不已。

而在敦克爾克順利生還回國的一位年輕士兵，也記錄當時的感動：

> 我們的部隊在通往敦克爾克的路上遭到納粹痛擊，生還者只能丟棄所有裝備和行李搭上小船。甚至有人連軍靴都丟了。到了多佛港上岸後，當時的恐怖仍使我毛骨悚然。接著我每晚都夢到德國戰車接近的聲音。但就在此時，聽到邱吉爾的廣播，聽到「我們絕不投降」這句話時，我頓時潸然淚下……勇敢面對德國戰車！我們一定會獲勝！

「帝國最好的時刻（瞬間）」來臨了。

繼敦克爾克之後，英國空戰「不列顛戰役」，為二戰再添一筆榮耀的英雄事蹟。在英格蘭八月的藍天中，英國只以少數的「颶風」（Hurricane）、「噴火」（Spitfire）戰鬥機，迎戰襲來的大批德國軍機，堪稱是一場英雄般的戰鬥。

德國空軍（Luftwaffe）的暴風式空襲，自一九四〇年夏季起持續了三個月。倫敦市民每晚都必須躲進防空壕或地鐵隧道內。但人們可以互相分享苦惱，開始過著生氣勃勃的日子。這打破了許多人對於空襲將「打擊士氣」的預估，這正是「帝國最好的時刻」。

到了九月，英國皇家空軍部隊的英勇奮戰似乎終於遏止了德國的猛攻。這時邱吉爾再次發表了感動人心的演說，表示：「在人類的戰爭史上，從未有過如此之多的人對如此之少的人欠上這麼大的債。」

「最壞的日子結束了。我們要繼續奮戰。」這樣的信念傳遍全英國。雖說「敦克爾克」到「不列顛戰役」這個「一九四〇年夏季」之戰，說穿了都只是存亡危機之際，死守國家最後一線的戰役，但英國人在此過程中產生的「高昂鬥志」，對之後的戰役，甚至大英帝國的命運，都造成了決定性的影響。

虛幻的贏家

四年後的一九四五年五月，阿爾卑斯山以南的德國百萬大軍，全數向南歐戰區聯軍總指揮官——英國將軍哈羅德・亞歷山大（Harold Alexander，在一戰中的索姆河戰役生還）投降。三天後，西北歐分屬陸、海、空各軍種的德軍也悉數向英國將軍伯納德・蒙哥馬利（經歷過伊普爾戰爭）投降。同時在緬甸仰光，日軍也向威廉・詩利姆將軍（加里波利之戰的生還者）所指揮的英國第十八軍投降。這是英國史無前例在戰爭中擔任先鋒，成為「勝利的主角」。

自古以來，英國在多場戰役中獲勝，但其中除了海戰外，都不是先鋒，通常只透過同盟關係或在背後提供經費，維繫同盟國的團結，只在關鍵時刻投入少數精銳部隊加入陸上戰鬥，以確保身為「勝利的一員」。

的確，第一次世界大戰時，英國難得投入歐洲大陸的主要戰鬥，然而接受敵方全軍投降——也就是正面攻擊敵軍——的角色，也慎重地讓給法軍。且由於一戰期間英軍大量犧牲（當然比法軍少）的記憶，使得英國人心中烙下了「絕不要再發生同樣的事——陸戰大量陣亡」的念頭。

但第二次世界大戰的狀況完全不同。的確，在蒙哥馬利和亞歷山大之上，有美國艾森豪將軍擔任形式上的「盟軍最高司令」，但除了對日戰爭外，美國在二戰的貢獻與角色，都不如英國重要。

因此在戰爭結束時，許多英國人仍無法理解自己國家的立場。

與美蘇並列「三大國」這個幻想，在戰後仍繼續深植於英國人的腦海。但顧及逐漸崩解的國力，卻更令人感到沉痛。

從這點來看，二戰對英國而言，或許比日本、德國更為悲慘。人民與國家在不幸中抓著過去的幻影活下去，結果一直被這場「慢性病」折磨，此等痛苦非同一般。在不知不覺間，國家漸漸失去活力，這大概也只能說是一場悲劇了。

一九四五年五月八日，邱吉爾向下議院報告「德國無條件投降」的消息，並奔向白金漢宮。下午五點，邱吉爾與國王喬治六世伉儷、伊莉莎白及瑪格莉特公主同時現身宮殿陽台，在盛大的歡呼聲中發表對德勝利演說。

但這已經不是「帝國最好的時刻」。

數週後，邱吉爾在大選中落敗，被迫交出政權。在戰時支撐英國的美國「租借法案」（Lend-Lease Program，美國向同盟國提供戰爭物資）也中斷。對英國而言，沒錢購入糧食比缺乏軍火更嚴重。

帝國瀕臨破產，而根源卻在於「一九四〇年夏天」。

「不列顛戰役」中翱翔英格蘭天際的「颶風」與「噴火」戰鬥機，主要零件與機槍都仰賴進口，引擎與機體大部分也都由進口機具製造。

而當一九四〇年九月，邱吉爾發表了鼓舞這場英勇空戰（不列顛戰役）勝利的演說時，英國財政部與英格蘭銀行也在當年年底向內閣報告，外匯存底已所剩無幾。即便如此，當然無法立刻停戰。甚至，國民的抵抗精神還因此更加高昂。

選擇失誤的邱吉爾

經歷歐陸戰事大敗後，雖然勉強躲過德軍登陸不列顛群島的浩劫，但問題在於今後如何繼續奮戰，如何在維持國力均衡下、以「何種戰爭」獲得最後勝利。戰爭的方針，關乎戰後帝國的命運。而這一點，才是自一九二〇年代以來，令英國領導者苦惱不已的「帝國矛盾」的真正癥結所在。

但此一方針早在數月前，下議院選出邱吉爾擔任首相時，即已定調。一九四〇年五月，邱吉爾擔任首相後發表第一場演說，或許當時沒有什麼明確感受，但這段發言彷彿將帝國的命運給封鎖了起來。

> 你問我們的方針是什麼？我會說，我們的方針是傾所有陸、海、空軍的戰力，和上帝賜予我們的力量，向一個人類史上前所未有的邪惡暴政開戰。你問我們的目標是什麼？我可以用一個詞回答：勝利。不惜一切代價的勝利。無論承受多大的恐懼，無論道路再漫長再困難，我們的目標就只有勝利。

其實在當時，甚至「不列顛戰役」之後，大英帝國都仍有選擇其他「方針」的可能性。也就是在擊退對英國本土最大威脅後，評估能夠維持英國經濟資源，以及長期存續基礎的戰爭型態，在所需的戰鬥與投入的資源間——尤其是透過出口，盡可能賺取外匯來支撐財政——追求最佳的平衡。

的確，若這麼做，就表示得縮小對德作戰的規模，或許將耗費更久時間才能抵達勝利。然而，在這樣的環境下繼續戰鬥，等待敵方疲弊或其他大國參戰，這才是過去在許多戰爭中獲勝的「大英帝國作風」。而在邱吉爾上任前，政府與軍方大致都以這樣的作戰方針為大前提：如果歐陸作戰大敗，就策劃如「不列顛戰役」的狀況，改變優先順序，先提升戰鬥機與雷達的水準，設法勉力挽救英國。

但這種方針對邱吉爾而言，似乎與他過去所反對在一九三〇年代戰爭的「綏靖政策」與「與希特勒和平共處」路線沒有不同。邱吉爾在敦克爾克大撤退後，不管希望對英和平的納粹德國如何應對，都選擇超出大英帝國經濟面以及軍事面的能力與資源，以超乎過去所預期的規模，對德發動全面戰爭。

根據歷史學家克雷利・巴內特（Correlli Barnett）的研究，這樣的選擇，正是第一次世界大戰末期，興登堡（Paul Hindenburg）與魯登道夫（Erich Ludendorff）領導下的德國所做的選擇[4]，也就是甘冒國家經濟力量徹底崩盤的風險，在短時間內將龐大國家資源投入軍事活動。

既然是個國家，即使發生大戰了，對於「不計代價求勝」這個選擇，應該更審慎評估，並極力避免。動搖國本（且在不知不覺中）而獲致勝利，對國家而言，可能比敗戰更危險。這是西班牙等大國的衰亡史帶給我們的教訓。

打什麼樣的戰爭，迎接什麼樣的戰後，並對自己國家的地位有何種構想，在過去數百年間，都是帝國領導者的首要任務。如果一九四〇年夏天，邱吉爾的「決心」——「不計代價求勝」這個選擇——是可行的，那麼一九三〇年代釀成大戰的過程中，許多帝國領導者所經歷的苦悶，以及形成「綏靖政策」原因之一的「帝國矛盾」，難道是庸人自擾？

失去亞洲的日子

一九三四年，財政部次長華倫・費雪（Sir Warren Fisher）在內閣防衛檢討委員會上表示：「（若開戰）不僅糧食，連原料都必須向外國購買。因此如果外匯存底用罄，將沒有國家願意長期在沒有對價關係的狀況下援助我國。」張伯倫內閣的國防協調部長湯瑪士・英斯吉普（Thomas Inskip）也表示：「如果真的希望在戰爭中獲勝，我們就必須具備能將外國資源自由運用在戰爭中的經濟實力。健全的經濟基礎才是國防的核心。如果缺乏這個陸、海、空三軍以外不可或缺的『第四軍』，軍事上的勝利也毫無意義。」

一九三八年九月，導致張伯倫內閣決定加入慕尼黑會談，最大的原因是帝國國防委員會事務局長賀士汀斯・伊士梅（Hastings Ismay）的發言：「再過一年，只要再過一年，我們就可以建構勉強能夠防禦開戰時，德國空軍那暴風般猛攻的對空戰力。」

對邱吉爾等反綏靖派（決戰派）而言，與其冷靜地考慮經濟、軍事等國力基礎，他們反而更優先於反法西斯的道義考量、維持「歐洲權力平衡」等概念先行的「高遠思想」。

實際上，在慕尼黑會談一年後，一九三九年九月希特勒進攻波蘭，張伯倫毅然對德宣戰。次年邱吉爾接任首相時，英軍戰鬥機的戰力已增強十倍，並完成雷達網的設置。若沒有那些吞下「慕尼黑苦果」的「綏靖派」，忍辱負重充實國力，恐怕就沒有「不列顛戰役」時邱吉爾令人感動的英姿。

除了鼓勵國民奮起的領導能力外，若沒有他們不畏時代潮流「靜待來日」，韜光養晦涵養國力，國家恐怕無以為繼。

面對著許多選擇，在「左支右絀」下勉強取得平衡，一直盡力不讓國本動搖，這些「綏靖派」官僚腳踏實地的領導方式，才是大英帝國悠久生命力與傳統的基礎。因為他們留下的「遺產」，才使邱吉爾能夠在一九四〇年夏天演出這場「帝國最好的時刻」。

但撐過了「開戰風暴」的邱吉爾，面對的是要比國力基礎高出一大截的「魯登道夫的選擇」。

英國接受美國龐大的資金與物資援助，規模大到戰後難以償還。除了大幅擴張軍需生產之外，為了中東的戰果，面對僅有一個半師團的德軍，竟派遣了配備美製戰車的五十萬大軍，意圖擴大戰線。財政大臣約翰．西蒙（John Simon）曾向對中東戰況忽喜忽憂的邱吉爾表示，再繼續下去，對美負債將攀升到八億英鎊（戰前英國的國家收支盈餘，一九三五年為三千二百萬英鎊），警告無法再繼續依賴美國，並提醒首相：「我們必須思考如何培養自己的資源。」

對於母親是美國人，也是熱心的盎格魯－撒克遜同盟論者的邱吉爾而言，他國姑且不論，依靠美國不僅不用擔心，更是維繫帝國存續的好方法。他認為，美國在戰後仍會積極支援英國。

邱吉爾與負責對日作戰的軍官溝通後，一九四〇年下半年，英國減少了對遠東地區的軍備，而將戰力集中到與原先戰爭目標關係不大的中東地區，這個選擇看似已經脫離維持帝國的目的。許多人都認為「新加坡」才是帝國的生命線，若失去新加坡，不僅馬來亞、緬甸，甚至荷屬東印度（今印尼）及「印度」都將不保。此時的中東究竟對大英帝國有什麼用呢？然而，終其一生主張「死守印度」的邱吉爾認為，遠東地區是「美國的勢力範圍」，因此「決心」讓給美國。選擇放棄遠東，對他而言並不衝突。

對於始終抱持「沒有美國參戰，我們將無法獲勝」這個看法的邱吉爾而言，保衛新加坡阻止日本攻擊，已經不在考慮範圍內了。

一九四一年三月生效的美國「租借法案」，以大規模支援對英軍需為目的，也是邱吉爾「不計代價求勝」戰略方針的重要支柱。一九四一年初，英國的國際購買力雖已趨近於零，但對美國這個「民主兵工廠」無須任何保證，可以無限量要求供應軍需物資。

但是，這當然需要「代償」。

「租借法案」規定，英國透過該法獲得之物資生產的所有產品，即使是英國產，生產該法獲得之美援物資「相似」的產品，一律只供內銷不得出口。美國也派員常駐英國，監管出口。因此「租借法案」大幅削弱了帝國誕生以來英國國力的基礎，也就是靠出口工業產品所培養出的「國家競爭力」，意味著英國必須大幅放棄海外市場。因此，戰後英國很難重新向各地出口商品。

一九四四年，英國出口額已大幅降低到一九三八年的三分之一左右。過去即使在打仗，英國的出口也未曾降到如此低的水準。該年六月，在「諾曼第登陸」成功舉國歡騰之際，英國商務部向內閣提出了一份報告書。

報告書指出，幾乎任何產業的出口都無法成長，英國的產業競爭力到戰後仍然無法避免加速下滑。英國即將迎來「帝國的全面停滯」。

回到一九四一年，「租借法案」實施後，珍珠港事件爆發了。

聽聞美國參戰當日，邱吉爾確信「最後勝利」必將到來，據說當晚他睡得很好。但由於美國參戰，英國失去了在亞洲的「帝國生命線」。英軍被俘人數高達破紀錄的十三萬五千人，加上新加坡被攻陷的「世紀大敗」，這在英國戰爭史上，是繼一百六十年前美國獨立戰爭「約克城之恥」後的奇恥大辱。

但其中，有更深一層的意義。

邱吉爾相信，即使新加坡暫時被日本奪去，但在「最後勝利」之後，馬來亞、緬甸甚至印度都「必將收復」。然而，在日本提倡「亞洲人的亞洲」口號下，無力反撲的英國即使對日本取得「最後勝利」，戰後要重返亞洲卻已不可能了。對英國而言，亞洲與僅需打倒希特勒即可的歐洲完全不同。

無論是母國的工廠，還是遠東的勢力範圍，大英帝國都確實逐漸走向「全面停滯」。

第十二章

米字旗降下的日子

「數個世紀以來都被他國統治的人們，嶄新的獨立意識開始覺醒了。」

——哈羅德·麥克米倫

「見真章」時刻的到來

一九四三年，聯軍將北非德軍掃蕩一空，在突尼斯郊外舉辦盛大的慶祝遊行。後來擔任英國首相的哈羅德．麥克米倫是當時的英國政府代表，在閱兵台上觀看遊行。

一開始列隊行進通過閱兵台前的是法軍。這批包括殖民地人民在內的法軍部隊看來相當華麗而有精神，法軍向來如此。接著是美軍。美軍官兵看來都很年輕且營養充分，不過卻是缺乏戰場經驗的「菜鳥軍隊」。之後閱兵部隊暫時中斷，似乎發生了什麼問題，正覺得奇怪的麥克米倫，突然聽到山坡另一頭傳來高亢激昂的蘇格蘭風笛聲，之後由龐大軍樂隊帶頭，步調緩慢，一個個曬成古銅色表情昂揚的臉龐，多達一萬四千人的英軍終於拖著長長的隊伍通過閱兵台前，消失在沙漠彼端。

親眼目睹這壯盛軍容的麥克米倫，在日記上寫下：「我們英軍才是世界的主角，未來的承先啟後者。」

但這只是個壯闊的幻想。英軍的行進，只是展現了帝國雖然壯大，卻終將撤退的宿命。二十年後，麥克米倫當上英國首相，率領最後一批隊伍消失在歷史洪流中。

實際上，無論大戰是否結束，大英帝國的命運就是開始從世界各地撤退。就像當年突尼斯的麥克米倫一樣，許多英國人看到通過眼前的隊伍，卻一直沒有察覺，那其實是「撤退」的隊伍。

但是，跳出英國人的主觀意識，每一幕的撤退都無疑反射出「帝國的落幕」，就像在突尼斯走過閱兵台的一列列隊伍，帶著尊嚴及強者沒落的悲淒色彩，為大英帝國的三百年霸業劃下句點。有時，撤退過程還帶著難堪的屈辱。

以現今的眼光看來，二戰結束時，很明顯帝國氣數將盡，但當時的英國人卻渾然不覺，令人感到不可思議又沉痛。

歷來大國衰亡最明顯的現象，就是當人們意識到衰退時，就會出現不合常理的「逃避現實」傾向。十七世紀前半，三十年戰爭時期的西班牙也處於衰亡階段，而當時與國王腓力四世的宰相奧利瓦雷斯公伯爵（Conde-Duque de Olivares）同時代的西班牙人，他們的反應正好與此時的英國相同。[1]

當時英國國民開始避談「衰退」的真實面貌，並視為禁忌，令人感到不自然。就像一個人意識到他的衰老時，反而不願承認一般。但錯過那「見真章的一刻」，將會面臨更殘忍的破敗。

一九四五年八月十五日，日本投降。對大英帝國而言，這天也意味著「見真章的一刻」到來。美國杜魯門總統在兩天後就切斷了「帝國的生命線」——對英援助法案（租借法案）。既然戰爭結束了，停止援助自是理所當然。但許多英國人卻認為，這是美國的「背信」。

這是因為在戰爭期間，英國有許多人認為戰後也能夠持續適用「租借法案」，接受美援，美國也深知若沒有援助，英國將面臨存亡危機。為了二戰，英國約十一億英鎊的海外資產悉數用罄，戰爭開始時的對外債務是七億六千萬英鎊，戰爭結束時則暴增到三十三億英鎊（開戰前一年的一九三八年，國民所得約為四十六億英鎊）。

為了支應糧食等必需品進口，英國出口量擴大到戰前的百分之一百八十，是前所未見的規模，增加幅度也超乎想像。因此在日本投降兩天後「停止租借法案」，對英國而言幾乎可謂晴天霹靂。英國在整場戰爭中幾乎完全受制於美國，對英國來說，也只能屈辱地不斷拜託華盛頓當局，央求美國的「慈悲」。

也就是說，英國只能乞求美國能延長「租借法案」，也就是長期鉅額融資，不然經濟上恐將無法負擔。人們認為在大戰中英國的犧牲遠比美國慘烈，考量到貢獻，對美國如此要求應不算過分。

一九四五年秋天，英國財政部顧問、經濟學家凱因斯（John Maynard Keynes）代表英國向美國展開交涉，但美國的態度卻比想像中更為強硬。凱因斯原本希望美方能贈與英國六十億美元，或至少能無息貸款，但美國僅願貸款三十七億五萬美元，利息百分之二。且美方要求大英帝國殖民地經濟圈取消「帝國特惠關稅」，並開放對美出口，同時英鎊兌美元匯率也要回到一九三九年一英鎊兌四點三美元的高匯率，也就是以「盡早恢復與英鎊的匯率」作為援助條件。條件一出，上議院的貴族對美國的要求強烈不滿，其中包括強烈希望維持帝國威信與國家生存、出生於加拿大的比佛布魯克男爵（1st Baron Beaverbrook）。

但是，眾人覺得「沒有其他選擇餘地」。

一九四五年十二月，簽訂了一共十二條的《英美金融協定》（*Anglo-American Financial and Commercial Agreement*），沒有什麼能比這份協定更能奠定戰後美國在世界經濟上的絕對優勢，以及象徵英美地位的戲劇性翻轉。同時，也使得「英鎊文化圈」這個以通行英鎊與和帝國的關係而建立起的「經濟圈的大英帝國」就此崩毀。美國終於開始讓帝國垮台。少數有識之士早在大戰中就已預測到此一結果，帝國在經濟上的崩毀已成事實。

過程中令人印象深刻的是，美國發揮驚人的壓迫感與戰略性，要讓「大英帝國崩毀」。而以凱因斯為代表的英國領導階層，在客觀思考了英國的困境後，對此卻宿命性地「看開」了，意外地淡然處之。

自此亦可看出，無力的英國菁英面對美國毀壞大英帝國的光景，只能像一場夢般冷眼旁觀。更加悲哀的是，英國在如此大的犧牲下才獲得的「戰後重建」經濟基礎，面對目前所處的情勢，有如「杯水車薪」。

連鯡魚和馬鈴薯都沒有的生活

一九四七年這一年，不僅對英國戰後史，包括對走向終結的大英帝國來說，都是充滿戲劇性的關鍵之年。那年冬天，二十世紀最冷的強烈寒流襲擊英國，國民生活陷入嚴重危機。持續下了一個月以上的雪，包括南部沿海在內，整個不列顛群島盡遭冰封。所有交通停擺，電力也中斷，大多數產業無法運作，每天都有許多人凍死的消息。到二月初為止有兩百萬人失業，因大雪導致連根都被凍傷的農作物面積高達九萬英畝。

戰爭結束後，為了優先促進出口成長，並且維持駐紮於世界各地的許多英國軍隊，戰勝後維持大英帝國的經費反而增加。因此，戰後英國民眾的生活仍維持著嚴格的非常時期管制狀態，衣物、糧食、燃料等許多用品仍然維持配給制。

這樣的物資管制，到了一九四六年更加嚴酷。戰爭期間還可以自由販售的麵包，到了當年七月反而變成配給制，並整整持續了三年。到餐廳用餐最多只能點三道菜，麵包也算一道。也就是說，點了湯、麵包和主餐後，就不能享用甜點了。

能吃到「鯨魚排」替代肉還算好的（當時英國鯨魚肉的消費量大增，捕鯨業是英國的生命線），一九四八年夏季，南非更出現一種口味奇特的「梭魚」（snook）罐頭，這個悲慘的時代記憶還留在許多人的腦海。成人一週的配給量是奶油六盎司，起士一點五盎司，還有一顆雞蛋。戰後蘇格蘭威士忌幾乎都出口到了美國，在英國街頭幾乎買不到。一九四六年起，在戰爭中已經摻了水的啤酒和英國苦啤酒，在當時又被指示要再加百分之十的水。

攜帶外幣到海外也受到限制，所以戰後大多數人幾乎沒有機會出國。因事必須赴法國或義大利的英國人，發現那裡幾乎不需要配給，大家幾乎都回到了戰前的生活，酒也可以隨意飲用。這讓英國人驚訝不已之餘，也開始因此對國家心生不滿。

的確，一九四五年七月成立的工黨艾德禮內閣主張產業國有化，實施「從搖籃到墳墓」的社會福利政策。這充其量只是一種「社會主義」理念，主張「貧窮哲學」、使國民更能忍受長期「共享匱乏」的配給生活。

人們將戰後這段時期稱為「樽節時代」（Age of Austerity）。儘管歌頌著期待已久的勝利與「福利社會」的到來，實際上英國生活水準卻不斷退步。人們對這樣奇特的時代充斥了不滿與困惑。

其他國家無須擔負的「帝國」包袱，以及即將展開的冷戰，這樣的雙重壓力幾乎把英國壓垮。戰後沒有大幅減輕軍事費用負擔，加上長期配給制，都讓民眾難以忍受這種不合理，英國人感覺這是一場「打不完的戰爭」。一九四七、四八年左右，餐廳服務生對顧客的抱怨往往回以「您以為戰爭結束了嗎？」這句埋怨之語在當時蔚為流行。

一九四六年，英國軍事費用高達十六億，是戰前（一九三八年）的七倍，一九四七年也達到將近四倍。當然，這樣的帝國是無法收支平衡的。

對大英帝國的作法一直抱持偏見的作家喬治・歐威爾（George Orwell），他在一九三七年發表的小說裡有以下敘述：

> 無論是什麼樣的英國人，沒有一個人不打從心底希望帝國延續下去。各種其他考量姑且不論，我們在本國所享受的高水準生活，都是因為帝國緊握住這些土地才能達成。若沒有印度或非洲這些熱帶領土，我們無法如此富足。如果帝國輕易放手，那麼英國將只是一個寒冷的蕞爾島國。我們將只為了賺取一點鯡魚和馬鈴薯而終日辛勞。（《通往威根碼頭之路》〔*The Road to Wigan Pier*〕）

但在餐桌上連鯡魚和馬鈴薯都沒有、只有奇怪的「梭魚」罐頭和配給麵包的時代，帝國能夠延續的根據在哪裡呢？對許多英國人來說，不僅生活必須精打細算，在情感上「帝國」也逐漸成了想早日卸下的沉重包袱。人們開始號召「回來吧英格蘭！」（Come home England!）這個民族幽魂。

而當時，又有另一種呼聲不斷迴響：「統治布列塔尼！統治它，越過大海的波浪統治它！」（來自十八世紀初誕生的帝國頌歌《統治布列塔尼》〔*Rule Bretagne*〕的副歌）。三百年來累積的「帝國本能」不是那麼容易消失的。

在此之後，一直到蘇伊士戰爭遭受重挫為止，這十年之間大英帝國徘徊在「放棄」與「死守」之間。

在這徘徊不定的十年間，大英帝國數百年來秉持的英國文明的「兩種面貌」交替呈現，並構成了許多足以表現出「帝國末路」的戲劇化場面。

荷蘭歷史學家約翰．赫伊津哈在論及英國國民文化論時，便發現了所謂英國的兩種面貌。一種是兼具重視排他性高而虔誠的宗教理念，直接思維模式與勤勞倫理，在現實生活上以「實際利益」為行動準則的「清教徒」風格；另一種是重視寬容與廣泛思考，善於妥協，具備恩威並施「美學」的「紳士」性格。[2]

有時以「實際利益」觀點直接盤算成本後選擇「撤退」，有時又為了保有最後的「尊嚴」

而選擇「死守」。有時因冷戰體制加上帝國沒落的國際情勢，而引發因「清教徒的使命感」而選擇「死守」的堅強反共理念，有時又為了寫下「完美結局」而以「紳士美學」及早毅然「撤退」。在各種想法交錯之下，廣袤的大英帝國逐漸開始自各地領土撤退。

「末代印度總督」蒙巴頓

一九四七年三月，當英國還覆蓋在大雪之中時，印度新德里總督官邸壯麗的大門口階梯上，兩位軍人互相握手，那是剛上任的「末代印度總督」路易・蒙巴頓（Louis Mountbatten）與卸任總督阿奇博爾德・韋維爾（Archibald Wavell）的交接儀式。兩人的交接象徵從帶點惆悵的「衰退」到「撤退」，也有毅然放手後開始「清算」的雲淡風輕。同時這件事也顯著象徵強弩之末的帝國，首度試圖找回自身威嚴。

時年六十三歲的陸軍元帥韋維爾已然衰老，帶著「死守印度」壯志未酬的遺憾，卻又確實展現了過往帝國的偉大。他以桑赫斯特皇家軍事學院候補生身分參加波爾戰爭，在第一次大戰的西部戰線中失去一隻眼睛，但之後仍擔任中東派遣軍參謀，作為艾倫比的部下與「阿拉伯的勞倫斯」在奪取耶路撒冷聖地一役並肩作戰。但韋維爾並不只是位優秀的軍人，他也具有寬闊心胸與豐富學識，具有濃厚的典型「紳士」氣質。他不僅具有能夠在劍橋大學講授戰略課程的學識，更是一位詩人，從印度歸國後被推舉為英國文學協會會長。

身為軍人的他，雖然曾經勢如破竹地逼退敵軍，但也曾遇到必須敗退的苦戰。在北非遭到隆美爾追擊，被迫退出希臘克里特島；在遠東地區也曾連續指揮新加坡、緬甸的撤退戰；但在印度這個帝國核心，戰後的「撤退」卻極為困難。

二戰時日軍攻陷新加坡，打破了英國人統治印度的「白人優越」神話。當時與日軍沆瀣一氣、高喊「進攻德里」的錢德拉・鮑斯（Chandra Bose），他率領的印度民兵受到印度民眾的熱烈歡迎，也對大英帝國在印度兩百年的「統治意志」帶來前所未有的衝擊。在日軍攻勢逼近緬甸國境的一九四二年八月，印度爆發了波及全境的反英大暴動，大家都看出戰後英國對印度的統治恐怕不能維持了。加上美國也在這時施壓，要求英國讓「印度獨立」。

面對最艱難的狀況，一九四三年接任印度總督的韋維爾，他雖體認到印度人要求獨立的正當性已難抵擋，但只能一方面消極應對戰前「賦予印度自治權」的承諾，一方面對倫敦當局邱吉爾「死守印度」的耳提面命頭痛不已。

韋維爾經常感嘆：「明明經常高唱著讓印度自由的理想，卻又屢次發出與這個理念背道而馳的命令，真令人難以忍受。」即使以近身肉搏戰勉強擊退了進攻印度的日軍，但此狀況仍未改善。

雪上加霜的是，在印度原先就存在嚴重矛盾的印度教徒與穆斯林，此時演變成大規模的武力衝突，雙方關係已難以修復。承諾讓印度獨立的道義與邱吉爾的「雙重標準」，加上戰後英國的困境與印度人的內亂，使印度次大陸秩序面臨全面崩潰。苦惱不已的韋維爾面對這等情勢，做出結論：既然英國無法為獨立後的印度體制負起責任，那麼只有早日從這場混亂中脫身。

英國的統治體制確實在逐漸崩解。警察體系疲弊，殖民地菁英官僚也個個提不起勁。面對帝國搖籃的印度只是不斷退縮，根本無法滿足帝國對「美學」、「威信」的要求。印度也需要像「敦克爾克的奇蹟」那樣，在千鈞一髮之際、化撤退為「勝利」的「魔法」。

二月二十日，首相艾德禮終於做出決策：「英國政府將在一九四八年六月前『撤離』，將政權交還印度。」印度人的不信任因此消除，政府為了維持撤退秩序而訂定明確期限，同時任命四十六歲的蒙巴頓為「末代印度總督」。這是一個「創造奇蹟的人選」。

二戰後期，擔任東南亞盟軍最高司令的蒙巴頓迫使日軍投降，讓東南亞地區的「米字旗」再度飄揚，如同艾森豪、麥克阿瑟一樣，是世界知名的「勝利英雄」。同時，他是維多利亞女王的曾孫，具有英國王室的身分，更是一位相信全人類平等的進步領導者，作為「末代印度總督」，他為帝國的結局增添光彩，的確是最適當的人選。

既然已經定下明確的獨立期限，英國就沒有立場以「力」服人。但若是強調本身公正中立，再展現蒙巴頓的威信與誠信，執行明確目的，這樣的「終曲」演出，就能一反原先「從混亂中撤退」的情勢。

有一次會晤甘地時，甘地問蒙巴頓可否到總督官邸散步，蒙巴頓回答：「那本來就是你們的，我們是為了把這些還給你們而來的。」蒙巴頓瞬間將「聖雄」甘地變成了「自己人」。同時，他也能善加操作印度教徒與穆斯林的對立（這是統治印度三百年的技巧，也是最適合「紳士」的角色），巧妙地將劃分出印度與巴基斯坦，同時還提前一年，在「一九四七年八月十五日」讓印度獨立，堪稱是「帝國美學」的美好勝利。

的確，這也建立了一個巧妙的架構：「在此之後的混亂都是印度人要負全責。」維護好秩序讓大英帝國全身而退，就是蒙巴頓的最大使命。

在八月十五日即將到來前的初夏，由孟買港邊壯麗的軍樂隊所演奏的驪歌聲中，滿載著英國官兵的運輸艦在親英的印度民眾歡送下，威風凜凜地離港。這種將窮途末路轉為「勝利」、有如「敦克爾克」般的場景，就是一種「表面上的勝利」。

對帝國而言，以這種風格象徵有秩序的退出，是極為重要的。能夠以如此漂亮的身段下台，這是「以威信為統治核心」為本質的大英帝國，在衰退過程中，一瞬間有如流星般閃耀的光景。

一九四七年八月十五日，大英帝國在印度「降下旗幟」的日子終於來臨。當天八時三十分前，印度全境的米字旗全部降下，英國在印度三百年的統治就此劃下句點。

永遠降下的米字旗

當然，不是所有的「撤退」的身段都能像在印度這樣漂亮。

同年大英帝國在巴勒斯坦的撤退，就籠罩著「悲慘」的陰影，如同在當地的統治歷史。一九一七年，艾倫比麾下的英國中東派遣軍才達成十字軍東征以來的「耶路撒冷攻略」，但還不到三十年，卻令人感覺英國的巴勒斯坦統治似乎早已終結。

《貝爾福宣言》後移入英領巴勒斯坦的猶太人與阿拉伯人的衝突，在大戰結束後更形激烈。猶太人為了獨立建國，數度展開對英恐怖攻擊，與英軍發生了血腥的內戰。

因此，聖城耶路撒冷成了一座被鐵絲網和沙包圍堵的城市，鎮日都是槍聲與爆炸聲，探照燈四處掃射。商家和住家在大白天拉下鐵門，英軍的裝甲車穿梭而過的場景，在當時幾成常態。「形式上的勝利」或「光榮撤退」已不可得。為保有伊拉克與波斯灣的石油利權，對於在巴勒斯坦被迫轉向「親阿拉伯」的大英帝國而言，美國和聯合國的「親猶太」立場，也對英國統治巴勒斯坦造成很大的壓力。

與猶太人之間的游擊戰使英方疲於應付，阿拉伯人又投以不信任的眼光，國際輿論更是猛烈批判。在本國尚須配給的狀況下，還得為龐大軍事費用等多項支出所苦。承受各方面幻滅與屈辱的英國政府，只好在一九四七年十二月宣布將所有權利交給美國與聯合國，撤出巴勒斯坦。在此三十年前，才宣稱自十字軍東征以來基督教勢力相隔千年奪回巴勒斯坦，昂首闊步地進駐耶路撒冷，現在則是「完全放棄」，退出巴勒斯坦全境。

十年後，一場更加悲慘的撤退，堪稱是使帝國幾乎折翼的重大挫折。

度過「撤退之年」的一九四七年，帝國整體與英國母國的經濟緩慢回升到小康的狀態。失去了印度，也逐漸撤出緬甸與錫蘭（今斯里蘭卡），「帝國撤退」雖繼續在進行，但仍舊以共享一個王冠的「Commonwealth」（大英國協）這個不甚明確的連結維持帝國的表面型態。這種迴光返照，其實並不等於帝國的原本面貌，但英國又在此發揮它的本能：減輕帝國解體錐心之痛最有效的方法，就是自欺欺人。

一九五三年，年輕的伊莉莎白女王登基，使英國又萌生了見到一絲「希望」的氣勢。登基典禮前兩週，英國登山隊才達成了首次登上世界最高峰聖母峰的壯舉，英國製造的世界首批噴射引擎客機哈維蘭彗星型客機（de Havilland Comet）也正式營運轟動全世界。再加上與開創帝國盛世的伊莉莎白女王同名的新女王登基，使得部分英國人寄予厚望，帝國「或許」有機會起死回生。

然而帝國四百年歷史的告終，已是不可抵擋的趨勢。一九五六年的蘇伊士戰爭，讓大家確切體認到這個事實。勉強維持的「帝國幻影」終於被打上休止符。

在這一年，埃及新總統納瑟（Gamal Abdel Nasser）宣布將蘇伊士運河國有化。「蘇伊士」自一八七五年被迪斯雷利收購以來一直是帝國的生命線，也是支撐英國的世界重大利權，對大英帝國的象徵意義更是大於實質效益，尤其在印度獨立後更是如此。

因此，自詡為「戰鬥首相」邱吉爾繼任者的艾登首相，決定奪回運河而出兵埃及。但出兵的決定反而更突顯了擔憂帝國面對末路到來的「軟弱」，以及病態的「優柔寡斷」。這場戰爭整體表現出的「沉悶」氣氛，本身就象徵了帝國遠去的事實。

由於這場戰爭是一國單獨行動，英國對此感到躊躇不定，因此先是糾集了因阿爾及利亞獨立運動陷入泥沼、國內也經常處於混亂的法國，同時也把以色列納為盟友。作戰策略是先由以色列軍越過蘇伊士運河攻擊埃及，再由英法聯軍強制介入「衝突」令其停戰，進而讓多國聯軍長驅直入，前進運河區。這種「虛假」手法極為淺薄，也與英國傳統大相逕庭，是個「軟弱」且「笨拙」的陰謀策略。

從另一面來看，蘇伊士戰爭的開戰，在道義上師出無名，酷似帝國三大挫折中的另兩場戰爭——美國獨立戰爭與波爾戰爭。但當時英國已然失去前兩場戰爭時的實力，道義與政治上的立場更是「薄弱」，因此艾登出兵蘇伊士的行動，自然遭受了比過去更加悲慘的失敗。

更重要的是，英國無視美國的意見，只為了守住「帝國主義的權益」，不惜踐踏國際道義，因此華府對「大英帝國失控」的抗議聲浪遠較預期激烈。艾森豪對英國出兵蘇伊士提出明確警告，向英國施壓要求撤兵。蘇聯也同樣批判英國，赫魯雪夫甚至威脅將以飛彈攻擊英國本土。

但美國採用了更加恐怖的手段。紐約金融市場拋售英鎊導致匯率大暴跌，堪稱「艾登的冒險」最致命的一刀。軟硬兼施的美國，給了原本倚靠仍舊強勢的英鎊勉強保住大國面子、卻外強中乾的英國，一道撤兵的「最後通牒」。最後，英國國內對於出兵蘇伊士也意見分歧，即使保守黨反美情緒高漲，英國也只能在百般屈辱中無奈撤兵。

此一事件最大的意義在於向全世界宣告，英國再也不是那一個可靠本身力量守住本身利益的「大國」。蘇伊士事件強烈地證明了，自印度撤退不到十年，大英「帝國」就已蕩然無存。

自「西班牙無敵艦隊」來襲以來，英國一直能夠將本身命運緊緊掌握在自己手中，如今作為大國的歷史，即將劃下句點。

出兵當天還高掛在運河北端塞得港市的米字旗，才不過數天光景，就在屈辱之中永遠降下。

十三年前，麥克米倫在突尼斯勝利遊行上所看到大英帝國仍有如「世界之主」的盛況，如今英國人都已明白，那只是一場幻夢。

但麥克米倫還有一項任務要完成。

「蘇伊士的挫折」之所以成為帝國真正「致命傷」，最大原因在於英國作為大國的地位自《英美金融協定》與印度獨立後，這個國家本質上還沒遇到真正「實力考驗」（trump call），只是一個勉強維持住的「虛像」或「空殼」。對此一處境毫不自知、意圖硬碰硬來「見真章」的艾登，反而向全世界宣告，帝國已經是一具「見光死」的「毫無生氣的殘骸」。

但若沒有出兵蘇伊士，帝國就能長期保住命脈嗎？誰也無法預料。無論如何，這個「失去最後靈魂的帝國」還剩下一個「解散」或「葬送」的大團圓結局。這個「閉幕典禮」也是一件大事。

這將決定大英帝國在世界史的地位。至此，只能關心大英帝國在「歷史」上將受到何種評價，也就是只在「歷史」的一小部分保有意義。英國如今要求的是在清算過程中留意歷史評價。這比過去為了維持住帝國，而汲汲營營的各種作為更加重要。這個重責大任壓在了艾登之後繼任首相的麥克米倫肩頭上。

一九六〇年一月，英國首相麥克米倫啟程前往非洲訪問。他在行程終點的開普敦的一場演講中，正式宣布「帝國告終」。

「羅馬帝國崩潰後，歐洲開始走向民族國家之路。到了二十世紀，尤其是戰後的今日，起源於歐洲的民族國家潮流已經遍及世界。數個世紀以來都被他國統治的人們，嶄新的獨立意識開始覺醒了。」麥克米倫向世界宣告，大英帝國將勇於面對世界「變化的風潮」。

到此，一切告一段落。

亞洲、非洲、中南美洲剩下的英國殖民地獨立風潮持續進行。英國宣布將積極適應羅馬帝國以來的「變化風潮」，因此確保了大英帝國在世界歷史上的道義地位。

結束訪非行程的麥克米倫，立刻著手加盟ＥＥＣ（歐洲經濟共同體）的相關事宜。雖然必須花上十年的工夫才能實現，但越過大西洋跨足北美、渡海前往亞洲「脫歐入亞」、展開以「大英帝國」為名的近代英國，如今在這個歷史性的一刻決心回歸歐洲，選擇「脫亞入歐」，為近代劃下休止符。

一九七一年，英國加盟ＥＥＣ條約文書完成當日，位於新加坡的英國遠東軍司令部降下了飄揚到最後的米字旗。

大英帝國這個老兵不死，只是逐漸凋零。

後記

馬來半島西岸，檳榔嶼某個可在椰子樹蔭下眺望印度洋的海岸邊，有一棟古老的飯店。這棟名叫「檳城東方大酒店」的飯店，像是思念著已然遠去的「落日大英帝國」，以哀愁的姿態矗立在那裡。

香港「半島酒店」，新加坡「萊佛士酒店」，加上緬甸仰光的「史特蘭德酒店」，這些高級飯店像是記錄著以「東印度公司」所連結的「東亞海上的大英帝國」記憶，有如一種歷史紀念碑。但這三處高級飯店也反映了近年東亞經濟的興隆，紛紛大幅裝修，形象煥然一新。相較之下，僅有檳榔嶼的「檳城東方大酒店」並未大幅整修，投宿的旅客都瞬間感受到大英帝國「過去的美好年代」早已遠颺，也感應到那種「落日」的悲哀。

回顧大英帝國衰退的歷史，無可避免地會看到許多愚蠢與貪念，以及被過去的包袱所束縛的哀愁等悲慘的畫面。

但如今帝國衰亡的過程完全結束後，又經過了數十年，當我們再次回顧這整個過程，就像是回憶起某個已經過世一段時間的親友一般，總覺得已經超越了哀傷，而是以一種「解脫」般的心情追憶著。這一點和歷史上其他的帝國有些不同。

雖然許多人認為，英國撤出殖民地的身段相較於其他歐洲列強更為「乾淨俐落」，而且過程確實是他國少有的順利。但也別忘了在撤退之前，支撐英國的人們也曾苦惱不已。也許在「蘇伊士的挫折」之後，若沒有像哈羅德·麥克米倫這樣的人物，就無法發揮這樣的「撤退美學」。決定孤注一擲、讓印度獨立的艾德禮也是一樣。首先，他們都是在第一次世界大戰「死裡逃生」的人們，將「帝國的苦惱」一肩扛起，因為他們這群「失落的世代」具有「靈魂的遊歷」經驗，才能夠完成這樣的「撤退美學」。他們讓大英帝國的歷史定位不像其他許多帝國那樣，變為「負面遺產」。宛如人生一般的「禍福相倚」也可適用於世界大國的衰亡史。

雖然這也符合許多的「大國衰亡論」，但越是深入考察，就越容易陷入宿命論或「看開一切的結論」。但若如此，就無法歸納出一套「衰亡論」這種知識性的成果。

如果衰亡論的意義並不僅僅是歷史的重構，那麼就必須著手去評價每個衰退過程的主因，以及當時人們的因應對策。若不去試圖假設「如果當時這樣做的話」，也就是在歷史上「其他的可能性」或是「如果……」的話，是無法完成一部衰亡論的。

以上關於「衰亡論」的論述雖已於各章敘明，但在此做個總結。在以下三個時機，其實還是有其他「帝國的選擇」可能性。第一是帝國衰退徵兆逐漸明顯的一八八〇至一九〇〇年代，如同一時代的歷史學者西利所提倡的（參閱第七章），為何英國放棄整合散布於世界的帝國殖民地，而成為二十世紀超大國這個選擇。許多研究也都提及了此點，我們必須從後世的觀點，再度思考此一狀況。

第二則是第一次世界大戰。為何英國如此積極地——甚至可說過度地以外交手段建立「德國包圍網」，結果是否釀成了一場導致帝國喪失復甦可能性的大戰。本書已提及，主因在於對德國的文化偏見，以及固執堅持傳統的權力平衡政策所致。但若考量到一戰造成許多重大破壞與俄國革命等許多「二十世紀的悲劇」，那麼英國領導者的責任（當然是在所有交戰國之中的評價）就有重新審慎思考的價值。

該如何應對「霸權挑戰國」，應該「封鎖」或是「交流」等相關討論，在往後的時代仍將是重要的課題。

最後，第十一章提到的，第二次世界大戰中「一九四〇年夏季的選擇」，或許也有重新思考的必要。也就是重新質問二十世紀這個「總體戰」的時代，當國家處於危機之中時，如何去平衡「未來的可能性」，也就是國家與國力基礎，這個問題充滿了矛盾。在二十世紀這個「極端的世紀」（霍布斯邦所言），高喊「不計任何代價」的精神結構已然不合時宜，我們應該以「未來的歷史家」視角，用更寬容的眼光來重新思考。

無論如何，如「前言」所述，與其對個別衰退主因給予分析考察與明確教訓，本書採取一面關心各地事件，一面重視關照衰退過程框架的方式。此一目標是否達成，就留待讀者們評斷。

最後，本書的問世原先是起於《Voice》雜誌的連載。在此要特別感謝在大幅增修文章時，不斷從旁鼓勵我的吉野龍雄先生與北村正則先生。同時在最後，也要衷心感謝一直以最大的熱情與耐心催生本書的中澤尚樹先生，謹以這些感謝為本書作結。

譯後記

王敬翔

現在臺灣的讀者們真正感受到「大英帝國」走入歷史的時候，應該與本書作者中西教授一樣，在於目睹香港回歸中國的那一刻。

過去一直沒有機會好好去探究，歷史上曾經輝煌的「日不落國」，究竟是如何「日落」的呢？直到有幸翻譯中西教授這部著作，引領我們看到伊莉莎白一世、維多利亞女王在位時，女王與許多富有智慧的貴族政治家們共同打造了榮耀的時代；進入二十世紀，時代潮流的變化使英國光榮不再，也有許多政治人物試圖力挽狂瀾，最後仍然無法抵擋衰退的趨勢，令讀者不勝唏噓之餘，也可以視為一種教訓。

這部作品最大的特色，應在於對英國在產業革命、民主政治等成為世界先驅而興起的部分並不特別加以稱頌，而以各個時代的「人物」為中心展開敘事，包括：為英國領航的王公貴族、戰功彪炳的將領，以及活躍於海外的戈登（蘇丹、中國）、勞倫斯（阿拉伯）等，還有運籌帷幄的政治家，甚至戰而優則仕的情形也極為常見——邱吉爾即是其中的代表人物之一。無論面對什麼樣的人物，中西教授在本書都以不造神、不歌功頌德、不流於老生常談的既定評價，更不以個人感情好惡妄加臧否為原則，盡可能地把他們還原到原有的歷史情境中，成為一個個有溫度的「凡人」，他們會犯錯，會衝動，也有七情六慾，使得本書與一般的歷史書籍有所不同。在這樣的態度下，一方面對於在歷史上評價可能不高，也不受維多利亞女王喜愛的摩里爾給予重新評價；另一方面也指出了邱吉爾儘管帶領英國在二次大戰中「不計代價獲勝」，卻造成英國加速衰亡的關鍵性問題。

日本對英國這個大國的情感，毋寧說是矛盾的。十九世紀前半，昌盛的英國侵略中國，造成鴉片戰爭之後，也侵略了日本，以九州鹿兒島（薩摩）為中心發起了薩英戰爭。戰爭後不久，日本的明治維新「師夷長技以制夷」，以英國為主要典範推行西化、近代化，達到一定程度的成功，甚至也影響到了殖民地臺灣。但是到了第二次世界大戰，日本與英國又成為敵對國。雖然主要敵人已經是美國，當時英國的影響力已經不大。透過日本對英國這個國家的觀察，以及中西教授的平實論述，使我們對於這個大國的興衰，以及許多關鍵人物的行動有所了解，更能以史為鑑，為國家運作的方向提供一些他山之石的建議，避免前人曾經犯過的歷史錯誤。例如儘管「不計代價獲勝」的確是達成了，卻造成國家的元氣大傷，終究使衰退的態勢無可挽回。這些都可以作為其他國家的殷鑑，相信也是將這本書介紹給臺灣讀者的重要意義之一。

4. Semmel, op. cit., chap.3.

第九章　悲傷的大戰

1. Robert Blake, *The Decline of Power 1915-70*, 1985, p.35.
2. James Morris, *Farewell the Trumpets: An Imperial Retreat*, 1978, p.302.

第十章　勞倫斯的反抗

1. Erich Marcks, *Englands Machtpolitik, Vorträge und Studien, Neu herausgegeben und eingeleitet von Willy Andreas*, Stuttgart/Brelin, 1940, s.181f.
2. Lawrence James, *Imperial Warrior: the Life & Times of Field-Marshal Viscount Allenby 1861-1936*, 1993, chap.18.

第十一章　「不列顛戰役」到全面停戰

1. R. A. Callahan, *Churchill: Retreat from Empire*, 1984, pp.267-68.
2. 參見《極端的年代：1914－1991》（*The Age of Extremes: The Short Twentieth Century, 1914–1991*）。
3. Paul Johnson, *A History of the English People*, rev. ed., 1985, pp.409-10.
4. C. Barrnett, op. cit.

第十二章　米字旗降下的日子

1. 參照 J.H. Elliott, "Managing Decline: Olivares and the Grand Strategy of Imperial Spain" in Paul Kennedy ed., *Grand Strategy in War and Peace*, 1991.
2. 前述《レンブラントの世紀》，79-80 頁。

第四章　帝國殉教者查爾斯·戈登

第五章　「自由貿易」的束縛

1. 此一論點的代表人物是美國人馬丁·維納（Martin Wiener）的《英國產業精神之衰退》。
2. 某些論點在克雷利·巴內特（Correlli Barnett）的《英國國力之崩潰》（*The Collapse of British Power*）與安德魯·甘布爾（Andrew Gamble）的《英國衰退百年史》（*Britain in Decline*）等亦可發現相似例子。

第六章　波爾戰爭的挫敗

1. Richard Shannon, *The Crisis of Imperialism 1865-1915*, 1974, pp.22-23.
2. Lord Strang, *Britain in World Affairs*, London, 1961, pp.164-65.
3. A. J. P. Taylor, *Essays in English History*, Penguin, 1976, p.182.

第七章　走向美國的世紀

1. John Kenyon, *The History Men*, 1983, pp,51-52.
2. Beckles Willson, *Friendly Relations: A Narrative of Britain's Ministers and Ambassadors to America 1791-1930*, New York, 1934, pp. 115-17.
3. 關於「求和傳統」可參照：Paul Kennedy, "The Tradition of Appeasement in British foreign policy", *British Journal of International Studies*, Vol.2, pp.195-215.
4. J.R. Seeley, *The Expansion of England*, 1883, p.350.

第八章　改革論的季節

1. G.R. Searle, *The Quest for National Efficiency 1899-1914*, Oxford, pp.2-33.
2. B. Semmel, *Imperialism and Social Reform*, London, 1960, chap.3.
3. Searle, op. cit., p.58.

4. A. Chamberlain, *Down the Years*, London, 1934, pp.165-66.

5. G. Mattingly, *The Defeat of the Spanish Armada*, London, 1959, p.40.

6. A. G. Dickens, *Thomas Cromwell and the English Reformation*, London, 1959, pp.162-63.

7. Lord Strang, *Britain in World Affairs*, London, 1961, p.36.

第三章　支撐英國的另類紳士

1. 石井菊次郎，〈英国衰亡論の当否〉，《外交随想》，鹿島平和研究所編，1967 年，第 98 至 103 頁。

2. 例如 A. Sorel, *Europe and the French Revolution*, 1885, Book III chap.1，其中詳盡介紹了當時歐洲在這方面的看法）

3. Arthur Bryant, *The National Character*, London, Longmans, 1934.

4. 石井，前揭書。

5. Arthur Bryant, op. cit.

6. 例如 Hester Chapman, *Four Fine Gentleman*, London, 1977.

7. Thomas P. Courtenay, *Memories of the Life, Works, and Correspondence of Sir William Temple*, Bart., London, 1836, Vol. I, p.23.

8. 收錄於 Thomas P. Courtenay, *Memories of the Life, Works, and Correspondence of Sir William Temple*, Bart., London, 1836.

9. H. E. Woodbridge, *Sir William Temple: The Man and his Work*, New York, 1940, p.81.

10. ヨハン・ホイジンガ，《レンブラントの世紀》，創文社，1968 年，51 頁。

11. A. Sorel, op, cit., p.53.

12. Anchitell Grey, *Debates of the House of Commons*, 1769, Vol. II, p.10.

13. 以下關於詹姆士・哈里斯的敘述，主要參照 *Diaries and Correspondence of James Harris, First Earl of Malmesbury*, London, 1845.

註釋

前言

1. C.J. Bartlett, ed., *Britain Pre-eminent: Studies of British World Influence in the Nineteen Century*, London, 1969, p.192.
2. R. Gilpin, *War and Change in World Politics*, 1986, pp.150-55.

第一章　「不列顛治世」的智慧

1. C.J. Bartlett, ed., *Britain Pre-eminent: Studies of British World Influence in the Nineteen Century*, London, 1969, p.191.
2. 參照 D. Butler and G Bulter, *British Political Facts 1900-1985*, p.381, 390.
3. 代表著作是 John Charmley, *Churchill: The End of Glory*, 1993.
4. E.L. Woodward, *War & Peace in Europe 1815-1870*, London, Frank Cass, ed., 1963, pp.5-17.
5. C.J. Bartlett, op. cit., p.173.
6. W.S. Churchill, *The Second World War*, Vol.1, London, 1948, p.207.
7. R. W. Seton-Watson, *Britain Empire 1789-1914*, Cambridge, 1937, p.1.
8. Harold Nicolson, *The Congress of Vienna*, London, 1946, pp.127-28.

第二章　伊莉莎白一世與「無敵艦隊」

1. Sir J. R. Seeley, *The Growth of British Policy*, Cambridge, 1922, pp.1-8.
2. D. B. Horn, *Great British and Europe in the Eighteenth Century*, Oxford, 1967, p.2）
3. R. B. Wernham. *The Making of Elizabethan Foreign Policy 1558-1603*, 1980, p.34.

H. Macmillan, *War Diaries: The Mediterranean Diaries 1943-45*. London,1984.

David Adamson, *The Last Empire: Britain and the Commonwealth*. London,1989.

Brian Lapping, *The End of Empire*. London, 1985.

Richard Hough, *Mountbatten: Hero of Our Time*. London,1980.

David Sanders, *Losing an Empire, Finding a Role: British Foreign Policy since 1945*. London,1990.

M. Heikal, *Cutting the Lion's Tail: Suez through Egyptian Eyes*. London,1986.

H. J. Dooley, "Great Britain's Last Battle in the Middle East: Notes on Cabinet Planning during the Suez Crisis 1956", *International History Review* Vol.11,1989.

of International History Vol.13,1991.
堀越智，《アイルランド独立戦争 1919-21》，論創社，1985 年。
D. Hopwood, *Tales of Empire: The British and the Middle East 1880-1952*. London,1989.
Lawrence James, *Imperial Warrior: The Life & Times of Field-Marshal Viscount Allenby 1861-1936*. London,1993.

第十一章　「不列顛戰役」到全面停戰

リデル・ハート，《第二次世界大戦》，フジ出版社，1978 年。
河合秀和，《チャーチル》，中公新書，1979 年。
John Charmley, *Churchill: The End of Glory*. London,1993.
Raymond Callahan, *Churchill: Retreat from Empire*. Willington, Delaware,1984.
Robert Blake & Wm. Roger Louis, eds., *Churchill: A Major New Assessment of his Life in Peace and War*. Oxford,1993.
佐々木雄大，《三〇年代イギリス外交戦略》，名古屋大学出版会，1987 年。
Malcolm Smith, *British Air Strategy between the Wars*. Oxford,1984.
G・チブラ，《世界経済と世界政治——1922-31 再建と崩壊》，みすず書房，1989 年。
Correlli Barnett, *The Audit of War: The Illusion & Reality of Britain as a Great Nation*. London,1986.

第十二章　米字旗降下的日子

D・ラピエール＆L・コリンズ，《今夜、自由を（上）（下）》，早川書房，1977 年。
坂井秀夫，《イギリス・インド統治終焉史：1910-1947 年》，創文社，1988 年。
James Morris, *Farewell the Trumpets: An Imperial Retreat*. New York,1977.

水谷三公，《王室・貴族・大衆──ロンド・ジョージとハイ・ポリティックス》，中公新書，1991 年。

J・ジョル，《第一次大戦の起原》，みすず書房，1987 年。

Aaron L. Friedberg, *The Weary Titan: Britain and the Experience of Relative Decline 1895-1905*. Princeton,1988.

C.J. Lowe & M.L. Dockrill, *The Mirage of Power: British Foreign Policy 1902-14* (Volume I). London,1972.

第九章　悲傷的大戰

リデル・ハート，《第一次大戦──その戦略》，原書房，1980 年。

中西輝政，〈帝国の滅びるとき──ハロルド・マクミランとその時代〉，季刊《アステイオン》，1987 年春季号。

バーバラ・タックマン，《八月の砲声──第一次大戦（上）（下）》（*The Guns of August*），筑摩書房，1980 年。中譯本參見：芭芭拉・塔克曼，《八月砲火──資訊誤判如何釀成世界大戰》，廣場出版，2022 年。

エリック・ホブズボーム，《20 世紀の歴史──極端な時代（上）（下）》，三省堂，1996 年。中譯本參見：艾瑞克・霍布斯邦，《極端的年代：1914-1991（上）（下）》，麥田出版，2020 年。

Correlli Barnett, *The Collapse of British Power*. Gloucester, Alan Sutton, ed., 1984.

David French, *British Economic and Strategic Planning 1905-1915*. London,1982.

第十章　勞倫斯的反抗

Michael Yardley, *Backing into the Limelight: A Biography of T.E. Lawrence*. London,1985.

L. James, *The Golden Warrior: The Life & Legend of Lawrence of Arabia*. London,1990.

J.R. Ferris, "The Greatest Power on Earth: Great Britain in the 1920s", *Journal*

London,1985 ed.

Max Beloff, *Imperial Sunset: Britain's Liberal Empire 1897-1921*. London,1969.

Christopher Howard, *Splendid Isolation*. London,1967.

第七章　走向美國的世紀

Jasper Ridley, *Lord Palmerston*. London,1970.

Donal Southgate, *'The Most English Minister', the Policies & Politics of Palmerston*. London, 1966.

Muriel Chamberlain, *Lord Palmerston*. Cardiff,1987.

H.C. Allen, *Great Britain and the United States: A History of Anglo-American Relations 1783-1952*. Archon Books, ed.,1969.

D.H. Fischer, *Albion's Seed: Four British Folkways in America*. Oxford,1989.

Kathleen Burk, *Britain, America and the Sinews of War 1914-1918*. Boston,1985.

Wm. Roger Louis & Hedley Bull, eds., *The 'Special Relationship': Anglo-American Relations since 1945*. Oxford,1986.

John Dickie, *'Special' No more: Anglo-American Relations, Rhetoric and Reality*. London,1994.

第八章　改革論的季節

B・センメル，《社会帝国主義史》，みすず書房，1982 年。

H.C.G. Matthew, *The Liberal Imperialists: The Ideas and Politics of a post-Gladstonian élite*. Oxford,1973.

村田邦夫，《イギリス病の政治学——19 世紀～ 20 世紀転換期における自由主義による危機対応過程》，晃洋書房，1990 年。

Arthur Marder, *The Anatomy of British Sea Power 1880-1905*. London, Frank Cass, ed., 1972.

Peter Padfield, *Rule Britannia: the Victorian and Edwardian Navy*. London,1981.

店，1983 年。

M·J·ウイーナ，《英国産業精神の衰退》，勁草書房，1984 年。英文原著為：Martin Joel Wiener, *English Culture and the Decline of the Industrial Spirit: 1850–1980*. Cambridge: Cambridge U.P., 1981; paperback edition. Harmondsworth: Penguin Books, 1985; new edition. Cambridge: Cambridge U.P., 2004.

W. Cunningham, *The Rise and Decline of the Free Trade Movement*. Cambridge,1905.

横井勝彥，《アジアの海の大英帝国——十九世紀海洋支配の構図》，同文館出版，1988 年。

坂井秀夫，《興隆期のパクス・ブリタニカ》，創文社，1994 年。

日本開発銀行，〈産業の空洞化——英米における海外投資と国内経済への影響〉，《調査第 101 号》，昭和 62 年 2 月。

P.J. Cain & A.G. Hopkins, *British Imperialism: Innovation & Expansion 1688-1914*. London,1993.

第六章　波爾戰爭的挫敗

中西輝政，〈歴史を変えた事件——ボーア戦争〉，季刊《アステイオン》，1997 年冬季号。

バーバラ・タックマン，《世紀末のヨーロッパ——誇り高き塔・第一次大戦前夜》（*The Proud Tower: A Portrait of the World Before the War, 1890-1914*），筑摩書房，1990 年。中譯本參見：芭芭拉·塔克曼，《驕傲之塔——一戰前的歐美世界圖像，1890-1914（上）（下）》，廣場出版，2024 年。

木畑洋一，《支配の代償》，東京大学出版会，1987 年。

小野寺健，《英国文壇史 1890-1920》，研究社出版，1992 年。

James Morris, *Pax Britannica: the Climax of an Empire*. New York,1968.

J.M. Mackenzie, *Propaganda and Empire: The Manipulation of British Public Opinion 1880-1960*. Manchester,1984.

A.P. Thornton, *The Imperial Idea and Its Enemies: A Study in British Power*.

Imperialism 1876-1893. Oxford,1973.

第四章　帝國殉教者查爾斯·戈登

Lytton Strachey, *Eminent Victorians*. Penguin,1971.

A·ブリッグズ，《ヴィクトリア朝の人びと》，ミネルヴァ書房，1988 年。

小池滋，《島国の世紀——ヴィクトリア朝英国と日本》，文芸春秋，1987 年。

D.H. Johnson, "The Death of General Gordon: A Victorian Myth", *Journal of Imperial & Commonwealth History* Vol.10,1982.

坂井秀夫，《近代イギリス政治外交史Ⅰ》，創文社，1974 年。

M.W. Daly, *Empire on the Nile: The Anglo-Egyptian Sudan 1898-1934*. Cambridge,1986.

東田雅博，《大英帝国のアジア·イメージ》，ミネルヴァ書房，1996 年。

C.C. Eldridge, ed., *British Imperialism in the Nineteenth Century*. London,1984.

R. Colls & P. Dodd, eds., *Englishness as National Culture 1880-1920*. Dover, N.H., 1968.

第五章　「自由貿易」的束縛

E·J·ホブズボーム，《資本の時代：1848-75，Ⅰ、Ⅱ》，みすず書房，1981 年、1982 年。中譯本參見：艾瑞克·霍布斯邦，《資本的年代：1848-75》，麥田出版，2020 年。

S·B·ソウル，《イギリス海外貿易の研究：1870-1914》，文真堂，1980 年。

P·J·ケイン & A·G·ホプキンズ，《ジェントルマン資本主義と大英帝国》，岩波書店，1994 年。

角山栄、川北稔編，《路地裏の大英帝国》，平凡社，1982 年。

川北稔，《工業化の歴史的前提——帝国とジェントルマン》，岩波書

第三章　支撐英國的另類紳士

中西輝政，〈ジェントルマン外交の伝統形成——ウィリアム・テンプルに見るイギリス近代外交の精神（一）〉，《法経論叢》，1987年11月。

ヨハン・ホイジンガ，《レンブラントの世紀》（*Nederland's beschaving in de zeventiende eeuw: een schets*），創文社，1968年。

Homer E. Woodbridge, *Sir William Temple: The Man and his Works*. New York,1940.

Richard Faber, *The Brave Courtier: Sir William Temple*. London,1983.

G.M.D. Howat, *Stuart and Cromwellian Foreign Policy*. London,1974.

J.R. Jones, *Britain and Europe in the Seventeenth Century*. London,1981.

水谷三公，《英国貴族と近代——持続する統治：1640～1880》，東京大学出版会，1987年。

村岡健次、鈴木利章、川北稔等編著，《ジェントルマン——その周辺とイギリス近代》，ミネルヴァ書房，1987年。

K.H.D. Haley, *An English Diplomat in the Low Countries: Sir William Temple and John de Witt 1665-1672*. Oxford, 1986.

G・M・トレヴェリアン，《イングランド革命：1688-1689》，みすず書房，1978年。

ヴォルテール，《ルイ十四世の世紀》，岩波文庫，全4冊。

Patrick Morrah, *Restoration England*. London,1979.

J・H・エリオット，《リシュリューとオリバーレス》，岩波書店，1988年。

D.B. Horn, *The British Diplomatic Service 1689-1789*. Oxford, 1961.

Diaries and Correspondence of James Harris, First Earl of Malmesbury, ed. By his grandson（the third Earl）, second edition Vol. Ⅰ～Ⅲ. originally London,1845. New York AMS Press,1970 ed.

H・ニコルソン，《外交》，東京大学出版会，1965年。

Agatha Ramm, *Sir Robert Morier: Envoy and Ambassador in the Age of*

Albert Sorel, *Europe and the French Revolution: The Political Traditions of the Old Regime*. London,1969.

E.L. Woodward, *War & Peace in Europe 1815-1870*. London, Frank Cass, ed., 1963.

Bernard Porter, *The Lion's Share*. London,1983.

第二章　伊莉莎白一世與「無敵艦隊」

J・E・ニール，《エリザベス女王（1）（2）》，みすず書房，1975年）。

越智武臣，《近代英国の起源》，ミネルヴァ書房，1977年。

大野真弓，《イギリス絶対主義の権力構造》，東京大学出版会，1977年。

植村雅彦，《エリザベスとその時代》，創元社，1973年。

中西輝政，〈イギリス史に見る戦略運営の発想——エリザベス一世の対外戦略の精神構造〉，《軍事史学》第21巻第3号，1985年12月刊。

L・ストレイチー，《エリザベスとエセックス》，平凡社世界教養全集27，1962年。

Sir John R. Seeley, *The Growth of British Policy*. Cambridge,1922.

Conyers Read, *Mr. Secretary Cecil and Queen Elizabeth*. London,1955.

Conyers Read, *Lord Burghley and Queen Elizabeth*. London,1960.

P.S. Crowson, *Tudor Foreign Policy*. London,1973.

R.B. Wernham, *Before the Armada: The Growth of the English Foreign Policy 1485-1588*. London,1966.

R.B. Wernham, *After the Armada: Elizabethan England and the Struggle for Western Europe 1588-1595*. Oxford,1984.

Garrett Mattingly, *The Defeat of the Spanish Armada*. London,1959.

Richard Deacon, *A History of the British Secret Service*. London,1968.

Christopher Andrew, *Secret Service: The Making of the British Intelligence Community*. London,1985.

Émile Boutmy, *The English People: A Study of their Political Psychology*. London,1904.

ルイ・カザミヤン，《近代英国——その展開》，創文社，1973 年。

ルイ・カザミヤン，《イギリス魂——その歷史的風貌》，社会思想社，1971 年。

J.B. Priestley, *The English*. London,1993.

Geoffrey Elton, *The English*. Oxford,1992.

C.A. Bayly, *Imperial Meridian: The British Empire and the World 1780-1830*. London,1989.

アントニー・グリン，《イギリス人——その生活と国民性》，研究社出版，1987 年。

B・ガードナー，《イギリス東インド会社》，リブロポート，1989 年。

高坂正堯，《古典外交の成熟と崩壊》，中央公論社，1978 年。

渡部昇一，《イギリス国学史》，研究社出版，1990 年。

森護，《英国の貴族》，大修館書店，1987 年。

L・ストーン，《家族・性・結婚の社会史——1500 ～ 1800 年のイギリス》，勁草書房，1991 年。

L. Stone & J.C.F Stone, *An Open Elite? : England 1540-1880*.Oxford,1986.

W・コート，《イギリス近代経済史》，ミネルヴァ書房，1984 年。

Peter Mathias, *The First Industrial Nation: An Economic History of Britain 1700-1914*. London,1969.

A・J・P・テイラー，《イギリス現代史》，みすず書房，1987 年。

第一章　「不列顛治世」的智慧

中西輝政，〈イギリスの知恵と「悪知恵」〉，季刊《アステイオン》1988 年冬季号。

バジル・ヴィリー，《イギリス精神の源流》，創元社，1980 年。

C.J. Bartlett, ed., *Britain Pre-eminent: Studies of British World Influence in the Nineteenth Century*. London,1969.

參考文獻

全書相關

G・M・トレヴェリアン，《イギリス史（1）～（3）》，みすず書房，1973～75年。

青山吉信、今井宏，《概説イギリス史》，有斐閣，1982年。

中西輝政，《国まさに滅びんとす——英国史にみる日本の未来》，文芸春秋，2002年。

村岡健次、川北稔編著，《イギリス近代史——宗教改革から現代まで》，ミネルヴァ書房，1986年。

今井宏編，《イギリス史（2）近代》，山川出版社，1991年。

Arthur Bryant, *Spirit if England*. London,1982.

Arthur Bryant, *A History of Britain and the British People*, Vol.1 ～ 2. London,1986.

Lawrence James, *The Rise and Fall of the British Empire*.London,1994.

A.D. Harvey, *Collisions of Empires: Britain in Three World Wars 1793-1945*. London,1992.

Paul Johnson, *A History of the English People*. London,1985.

ボール・ケネディ，《大国の興亡（上）（下）》，草思社，1993年。

Paul Kennedy, *The Rise & Fall of British Naval Mastery*. London,1976.

Herbert Butterfield, *The Englishman & his History*. Cambridge,1944.

Lord Strang, *Britain in World Affairs: A Survey of the Fluctuations in British Power and Influence from Henry ⊠ to Elizabeth ⊠*. London,1961.

フィリップ・メイソン，《英国の紳士》，晶文社，1991年。

M.L. Bush, *The English Aristocracy*. Manchester,1984.

Andre Siegfried, *The Character of Peoples*. London,1952, chapter Ⅳ.

THE TIME

大時代

04

大英帝國衰亡史 全新校訂版

作者　中西輝政
譯者　王敬翔

責任編輯　沈昭明（初版）、官子程（二版）
特約編輯　李遲風
書籍設計　吳郁嫻
內頁排版　謝青秀

總編輯　簡欣彥
出版　廣場出版／遠足文化事業股份有限公司
發行　遠足文化事業股份有限公司（讀書共和國出版集團）
地址　231 新北市新店區民權路 108-3 號 9 樓
電話　02-22181417
傳真　02-22180727
客服專線　0800-221029
法律顧問　華陽法律事務所　蘇文生律師
印刷　中原造像股份有限公司

二版　2025 年 3 月
定價　500 元
ISBN　978-626-7647-03-5（紙本）
978-626-7647-01-1（EPUB）
978-626-7647-02-8（PDF）

廣場 FB

讀者回函

國家圖書館出版品預行編目 (CIP) 資料

大英帝國衰亡史／中西輝政著；王敬翔譯. -- 二版. -- 新北市：遠足文化事業股份有限公司廣場出版：遠足文化事業股份有限公司發行, 2025.03
面；　公分. --（大時代；4）
ISBN 978-626-7647-03-5（平裝）

1. CST: 英國史

741.1　114001026